Segredos e mistérios da humanidade

SYLVIA BROWNE
Autora do livro *Sociedades Secretas*

Segredos e mistérios da humanidade

Tradução
Gabriela Machado

Título original: *Secrets & mysteries of the world*
Copyright © 2006 by Sylvia Browne

Originalmente publicada em 2006 pela Hay House Inc. USA

Todos os direitos reservados. Nenhuma parte desta obra pode ser reproduzida ou transmitida por qualquer forma ou meio eletrônico ou mecânico, inclusive fotocópia, gravação ou sistema de armazenagem e recuperação de informação, sem a permissão escrita do editor.

Direção editorial
Soraia Luana Reis

Editora
Luciana Paixão

Editores assistentes
Deborah Quintal
Thiago Mlaker

Assistente editorial
Elisa Martins

Preparação de texto
Rebecca Villas-Bôas Cavalcanti

Revisão
Luciana Garcia

Capa, criação e produção gráfica
Thiago Sousa

Assistentes de criação
Marcos Gubiotti
Juliana Ida

Imagem de capa: **Steve Allen/Getty Images**

Imagens de miolo: Págs. 14,16, 26, 28, 70, 81, 84, 132, 140, 146 e 196 – fotos de arquivo pessoal.
Págs. 30, 42, 54 e 104 – ilustrações de Kirk Simonds
Pág. 112 – © Sylvia Browne Corp.
Pág. 126 – © Adventures Unlimited Press, *Mapas dos Antigos Reis dos Mares*, por Charles Hapgood
Págs. 156, 167, 190 e 193 – © Colin Andrews: www.CropCircleInfo.com
Pág. 200 – © 1978 Barrie M. Schwortz, All Rights Reserved.

CIP-Brasil. Catalogação-na-fonte
Sindicato Nacional dos Editores de Livros, RJ

B837s Browne, Sylvia
   Segredos e mistérios da humanidade / Sylvia Browne; tradução Gabriela
  Machado. - São Paulo: Prumo, 2010.

   Tradução de: Secrets and mysteries of the world
   ISBN 978-85-7927-076-5

   1. Ciências ocultas. 2. Parapsicologia. I. Título.

10-1231	CDD: 133
	CDU: 133

Direitos de edição para o Brasil: Editora Prumo Ltda.
Rua Júlio Diniz, 56 - 5º andar – São Paulo/SP – CEP: 04547-090
Tel: (11) 3729-0244 - Fax: (11) 3045-4100
E-mail: contato@editoraprumo.com.br
Site: www.editoraprumo.com.br

A DAL BROWN, POR SUA AJUDA E APOIO

Sumário

Introdução 9

PARTE I: LUGARES MISTERIOSOS
1. Stonehenge 15
2. Ilha de Páscoa 25
3. Shangri-La 29
4. O Triângulo das Bermudas 34
5. O Continente Perdido de Atlântida 43
6. Lemúria 55

PARTE II: CRIATURAS ESTRANHAS
7. Tulpas 63
8. O Mundo das Fadas 73
9. Demônios 76
10. Bruxas e Lobisomens 85
11. Vampiros e chupa-cabras 91
12. Os amigos invisíveis das crianças 98
13. Extraterrestres 100

PARTE III: OBJETOS INEXPLICÁVEIS
14. Os crânios de cristal 113
15. As pedras de Ica 119

16. Mapas e instrumentos estraterrestres 127

17. As pirâmides e a Esfinge...137

18. Círculos de Colheita 157

PARTE IV: FENÔMENOS MÍSTICOS

19. Combustão humana espontânea 171

20. Energia Cinética e Aura..173

21. Vodu, Astrologia e Xamãs...177

22. Enigmas do universo..185

23. Abduções alienígenas...191

PARTE V: CONTROVÉRSIAS CRISTÃS

24. Estigma...197

25. O Sudário de Turim 199

26. O Santo Graal e o Espírito Santo..................................206

27. Os anos perdidos de Jesus 210

28. O Demônio..228

29. A Mitologia dos feriados populares...............................230

Epílogo...237

Agradecimentos 239

Introdução

Neste livro você se inteirará de alguns dos segredos e mistérios que têm intrigado a humanidade – em certos casos, durante séculos. Sempre fui naturalmente fascinada pelo inexplicável – não creio que precise entrar em cada detalhe dos anos que passei pesquisando e estudando os fenômenos sobre os quais você lerá nestas páginas. Àqueles que não estão cientes disso, aceitem minha palavra: sim, sou médium sensitiva e estudante de Teologia, mas meu interesse pelos segredos e mitos antigos do mundo, assim como pela vida após a morte, é uma paixão contínua e progressiva.

Você pode não concordar com meus argumentos ou conclusões, tudo bem... mas fique comigo e veja que, com mais frequência do que você supõe, o tempo, o lugar, as implicações históricas ou a mera lógica darão respaldo à verdade do que digo. Minhas habilidades mediúnicas também entram em jogo aqui para ampliar a intensa pesquisa que realizei, mas, como sempre digo: "Pegue o que quiser e deixe o resto".

Visitei pessoalmente a maioria dos lugares onde se originam os mistérios deste livro. Caminhei pelas trilhas e usei primeiro

Segredos e mistérios da humanidade

a mim mesma como um barômetro psíquico, e depois voltei para ver se poderia comprovar aquilo que telepaticamente havia coletado, lançando mão de pesquisa, estatística, relatos de testemunhas oculares e, às vezes, apenas o bom e velho senso comum. Muitas vezes, como você verá, continuei numa caça ao mistério com ironia exacerbada, para ao final ser atingida pela prova; outras vezes uma "coisa certa" revelou-se *muito* envolvida em mito – era por demais improvável ou não havia evidência suficiente –, e fiquei muito desapontada para colocar nela meu selo de aprovação.

A razão deste livro existir deve-se grandemente a Reid Tracy, presidente da Hay House (a editora do original). Estávamos almoçando juntos um dia, e eu o brindava com histórias do Egito e de outros locais que tinha visitado. Ele ergueu os olhos e, por fim, me perguntou: "Por que não escreve sobre todos esses lugares em que esteve e expõe o que deduziu sobre eles?".

Refleti sobre isso durante algum tempo, ponderando que diversos livros que eu havia lido englobavam todos os lugares e coisas que eu tinha visto. Há o *Eram os deuses astronautas?* (Ed. Melhoramentos, 54ª ed., 2006), de Erick Von Dänicken, mas só trata de OVNIs; além disso, esse livro gerou tanta polêmica quando foi publicado pela primeira vez que cientistas emergiram da obscuridade em hordas para ridicularizá-lo. Então eu me dei conta de que todos os livros de "pesquisa" que lera (e foram muitos) tinham, sem exceção, uma coisa em comum: os detratores. Quer dizer, eu não estaria escrevendo este livro se os mistérios tivessem sido plenamente explicados – e é isso o que faz deles mistérios. Claro que os céticos dirão que este livro é uma bobagem completa, mas você verificará, ao ler os capítulos que seguem, quanto são fascinantes algumas idas e vindas...

Preciso parar aqui e explicar que, embora eu nunca tenha escrito um livro como este antes, por favor não pense que perdi o senso. Não posso provar algumas das coisas que estou prestes a relatar, mas, conforme nos aprofundarmos nas histórias, você verá quantos arqueólogos, historiadores e antropólogos renomados deram respaldo a meus insights mediúnicos – gente importante como o paleoantropólogo e conservacionista Richard Leakey; Zahi Hawass, secretário-geral do Conselho Supremo de Antiguidades do Egito; e outros mais que se dispuseram a confiar que não sou dada a voos fantasiosos.

Tenha em mente que este trabalho não pretende ser um tratado científico. Em vez disso, eu o escrevi para o leitor médio, que pode saber pouco ou nada sobre os mistérios aqui abordados. Embora minha pesquisa tenha se baseado em fontes científicas, estou certa de que me esqueci de algumas. Lembre-se: o propósito deste livro é oferecer uma visão geral dos segredos e mistérios do mundo e depois apresentar minhas interpretações mediúnicas a respeito deles. É óbvio que meu campo de exploração é, mais do que qualquer coisa, controverso, mas você me conhece: eu me aventuro onde os anjos receiam pisar.

À medida que você lê, espero que tenha insights e – no mínimo – que pelo menos tenha uma sensação de ação, concorde ou discorde em relação àquilo que apresento. Quando começar a jornada, você será um gnóstico (um buscador da verdade) em termos, porque, como disse Jesus: "Procura e acharás, bate, e abrir-se-á para ti". Afinal, a busca pela verdade nos faz enxergar através da confusão e nos ater aos detalhes práticos.

Leia tudo com a mente aberta e com discernimento, e não acredite em coisa alguma só porque eu (ou alguém) disse que é verdade... você pode e deve encontrar a própria verdade divina, que é apenas sua.

Prepare-se para sua jornada – e aperte o cinto, porque você está prestes a curtir uma viagem e tanto.

parte I
LUGARES MISTERIOSOS

1
STONEHENGE

Na planície de Salisbury, na Inglaterra, ergue-se um magnífico círculo de pedras que foi um dia utilizado para cerimônias religiosas e atribuído aos druidas, casta de sacerdotes das Ilhas Britânicas.

Alguns historiadores dizem que Stonehenge data de cerca de 3.000 a.C., mas eu senti, quando estive lá, que seria mais de 5.000 a.C. Embora o círculo tenha sido destruído e reconstruído muitas vezes, de certa forma conseguiu ter preservadas as configurações gerais.

Existem mais de mil círculos de pedra nas Ilhas Britânicas, mas nada é tão notável como Stonehenge. É o único que consiste em 30 menires (17 ainda de pé) que foram cinzelados e polidos fora daquela região, e também é o único com lintéis de pedras modelados em curva e colocados no topo dos menires, formando um círculo de portais.

É interessante notar que o eixo de Stonehenge, que divide o círculo e se alinha com sua entrada, é orientado em direção ao nascer do sol do solstício de verão. Já na vizinha Irlanda, o monumento de Newgrange, construído por volta da mesma época, está voltado para o nascer do sol do solstício de inverno. Ora, podemos supor que se tratava de algum tipo de calendário – e tenho certeza de que era uma pequena parte dele, porque os humanos sempre foram interessados nos céus –, mas, como veremos, a colocação das pedras tinha um significado espiritual mais profundo. É como se carregassem uma vibração de energia protetora para afastar a negatividade e dar ao povo lá dentro segurança e bênção.

Stonehenge foi estudada por arqueoastrônomos, aqueles que buscam os vestígios das práticas astronômicas das cultu-

Foto que mostra as pedras em lintel colocadas sobre o topo do círculo de pedras de Stonehenge.

ras antigas. Veja bem: mesmo em tempos primitivos, povos como os egípcios (que serão abordados mais tarde) eram extremamente interessados nas fases do sol e da lua e na posição das estrelas. Tenho certeza de que se baseavam na mudança das estações para o plantio; ou para prever chuvas, mudanças de temperatura ou inundações, prestando atenção particular às fases da lua. (Mesmo no mundo de hoje, basta perguntar a pessoas que trabalhem em pronto-socorros, delegacias de polícia ou alguém de minha própria profissão que coisas bizarras ocorrem durante a lua cheia. Os médicos estudam há anos o fluxo menstrual das mulheres e a influência dos ciclos lunares – afinal, faz sentido: se os oceanos são afetados, por que não o nosso bem-estar físico? O livro *The Old Farmer's Almanac* – ou o popular *Almanaque do pensamento*, publicado desde 1912 – é baseado não apenas nas estações, mas também nas fases da lua. Ou seja: nada disso dispensa algum embasamento em fatos e pesquisa.)

Embora não haja dúvida de que Stonehenge tenha mesmo uma implicação astrofísica definida, acredito que muitos pesquisadores deixaram escapar os mais importantes insights espirituais em sua existência.

PENETRANDO O VÉU DE STONEHENGE

Quando visitei Stonehenge pela primeira vez, em 1978, não havia barreiras, portanto era possível andar livremente em torno das pedras. Retornei recentemente com um grupo de pessoas e tive permissão para examinar as pedras e sentir todas as vibrações de que precisava. A capacidade de tocar um objeto e acessar psiquicamente sua história por meio da energia é chamada de *psicometria*. Uma vez que tudo na natureza carrega uma marca, você só precisa conseguir acessá-la, e a história inteira se desdobrará. Como muitos lugares que

Segredos e mistérios da humanidade

exploraremos neste livro, as rochas de Stonehenge contêm as vibrações de camadas após camada de épocas, pessoas e rituais diferentes que fui capaz de compreender.

Os primeiros tipos de feedback que comecei a receber eram imagens de pessoas – centenas de indivíduos arrastando imensos monólitos por uma planície. As rochas pareciam ter sido cortadas e extraídas de uma pedreira a sudoeste da Inglaterra. Havia também gigantescas polias numa máquina rústica, porém bastante sofisticada, com rodas e cordas que içavam as pedras para o alto. Os homens que puxavam as pedras tinham um aspecto muito primitivo: usavam peles de animais e chapéus e exibiam tatuagens no rosto. Numa espécie de alteração do tempo, num avanço rápido, pude vê-los colocando as pedras num círculo. Pareciam também ter algum tipo de corda que media as distâncias. Pude ouvi-los gritando e resmungando, mas o idioma não se parecia com nada que eu já ouvira antes.

Do lado de fora desse perfeito círculo de pedra, havia um grupo de mulheres e crianças: uns sentados, outros de pé, observando com atenção fascinada. A cada instante, uma exclamação alegre saía da boca de alguma das mulheres, como para incentivar os homens lá dentro. Observei que as mulheres e as crianças pareciam manusear contas ou bagas vermelhas enfiadas num cordão. Lembrou-me dos católicos rezando o rosário, pedindo um milagre especial ou apenas fazendo uma prece.

Ao serem colocados no lugar, os monólitos pareciam brilhantes e brancos – por certo não tinham a cor cinzenta que apresentam agora. Quando o círculo estava terminado, todos entraram nele e se ajoelharam, não com uma maneira suplicante, mas como se aquela fosse a postura certa e confortável. O círculo parecia ser um refúgio para eles, mantendo a negatividade do lado de fora. (Pense em quantas vezes nos rodeamos com a Luz Branca do Espírito Santo – quem pode dizer que essas pedras não poderiam ter servido de proteção contra hordas de saqueadores?) Parecia que, seja lá qual fosse a razão, esse povo se sentia protegido, dentro do círculo, por seu deus (ou deuses).

A seguir, apareceu um homem muito alto, usando uma capa de tom vermelho vivo e um chapéu alto em formato de cone com pontas como estrelas saindo dele. Começou a entrar e sair pelas entradas de pedra – a cada vez que entrava, tirava a capa; quando passava pelo portal, colocava a capa de volta.

A mim pareceu que representava o renascimento: atravessar o portal da vida sem nada e depois assumir a postura de envergar a veste terrena. O homem então começou uma pantomima. Apontou para uma mulher e instruiu-a a pegar um bebê e ficar de pé com ele, dando a entender que estavam representando a continuação da linhagem.

O grupo começou a entoar um canto de som gutural; depois, do nada, frutas, legumes e um tipo de noz foram servidos. O homem alto com a capa olhou ao redor do círculo e pareceu estar contente. Então, seus olhos correram pela multidão e se cravaram em outro homem, moreno e barbudo, que estava agachado sobre algum tipo de manto de lã. O da capa apontou o dedo para esse homem mais baixo e emitiu um som parecido com o de um cacarejo, e a multidão se juntou. Ele, então, chamou para perto de si o outro sujeito, que se aproximou de cabeça baixa. O homem alto estendeu a mão, e o indivíduo mais baixo e sujo deixou cair dois objetos dourados na palma dele. O da capa virou-se então para uma mulher atrás dele e lhe deu os objetos. Ela pareceu surpresa e aliviada; agarrou-os e se ajoelhou humildemente.

O homem alto fez sinal para o outro indivíduo deixar o círculo, mas o sujeito pareceu implorar para não ser banido. Imaginei: *é um ladrão e está sendo mandado embora.* Assim que pensei nisso, o homem baixo manquejou resolutamente para fora do círculo e logo desapareceu na neblina que começava a envolver as planícies. Eu gravava tudo em cassete na ocasião e disse: "Bem, aqui se

Segredos e mistérios da humanidade

fazia justiça para os ladrões e para os que infligiam a lei". Eu sabia que era um tempo muito primitivo, mas mesmo assim senti que aquele povo tinha uma estrutura social definida e também uma consciência moral. Não pareciam estranhos, a não ser pela roupa (ou a falta dela); na verdade, à sua maneira, davam a impressão de serem bem cuidados e certamente não pareciam desnutridos.

Então, o cenário mudou. Não sei exatamente como descrever de que maneira isso aconteceu, mas é como assistir a um filme – quase igual a estar dentro de uma máquina do tempo mental: quando começa, continua até o momento em que desejo parar. Eu agora percebia o que não vira antes: uma imensa pedra branca bem no centro do círculo. A figura de capa apontou para cada um dos homens, que depois se ergueram e colocaram uma lança muito primitiva na rocha parecida com um altar. Esta dava a impressão de ter o poder de lhes infundir coragem e emprestar força a suas armas.

O mais magnificente dos cemitérios

Por volta de 1135, Geoffrey de Monmouth, em *A história dos reis da Bretanha*, afirmou que Stonehenge foi trazida da África para a Irlanda por uma tribo de gigantes; dali, foi levada pelo mágico Merlin através do mar para o sítio onde se encontra hoje. Parece que Merlin fez a proeza em honra de Ambrosius Aurelianus, o rei dos bretões. Em sua *História*, Geoffrey declara que Ambrosius enterrou no local cerca de 460 nobres mortos pelos saxões, e afirma que Uther Pendragon (irmão de Ambrosius e pai mágico do rei Artur) e o rei Constantino também foram enterrados nas vizinhanças. De acordo com Geoffrey, Merlin teria dito ao rei Ambrosius o seguinte:

> Se tu (Ambrosius) tens o desejo de honrar o local de sepultamento desses homens com um monumento eterno, busca pela

Dança dos Gigantes, que fica em Killaraus, uma montanha na Irlanda. Pois lá existe uma estrutura de pedras que ninguém desta Era poderia erigir sem profundo conhecimento das artes mecânicas. São pedras de vasta magnitude e qualidade maravilhosa; e, se puderem ser colocadas aqui como estão lá, rodeando este pedaço de chão, ficarão de pé para sempre.

É interessante como o rei Artur e Merlin continuam a se enredar na mitologia de Stonehenge. Acredito que essas duas figuras tenham existido, mas não na versão exagerada e familiar que conhecemos de tantas obras de ficção.

Segundo outra lenda, as pedras foram compradas de uma irlandesa pelo demônio e erigidas na planície de Salisbury. Acho incrível que, quando a humanidade não consegue explicar alguma coisa, com muita frequência damos a ela uma conotação negativa, especialmente se a época foi anterior à era comum do cristianismo. É como se os humanos não amassem a Deus antes que o cristianismo surgisse – nem mesmo a *algum* tipo de Criador, qualquer que pudesse ser, que fosse maior que eles próprios.

Agora, chegamos aos druidas. Na época em que entraram em cena, havia também arranjos menores de pedras dentro do amplo círculo externo. Essas formações eram feitas de um tipo diferente de rocha, chamada de arenito azulado, que os cientistas acreditam viera do sudoeste de Gales. No século XVII, os druidas, que realizavam suas práticas na Bretanha por mais de mil anos, foram caluniados como adoradores do demônio, dados ao sacrifício humano e a coisas desse tipo. (É pertinente repetir que, sempre que os seres humanos não compreendem algo, o mal é sempre atribuído a isso.)

Parada ali, no crepúsculo crescente, observando aquelas visões se revelarem quase como um grande caleidoscópio do tempo, avistei algumas figuras encapuzadas seguindo

Segredos e mistérios da humanidade

pela planície. Parecia haver pelo menos uma centena delas caminhando em fila única. Nenhuma palavra foi pronunciada, mas um silêncio profundamente espiritual caiu sobre tudo – até mesmo as pessoas que estavam comigo sentiram isso. A atmosfera, os passarinhos, o ar... tudo ficou em silêncio como se estivéssemos penetrando o véu de um tempo muito antigo. Era óbvio que estávamos na presença dos sacerdotes druidas.

Quando os druidas se aproximaram do círculo, quase pude enxergar como fora aquele local, por inteiro, um dia, com todas as pedras no lugar e o que eu chamo de "pedra do altar" no meio. Alguns dos sacerdotes ficaram de pé no círculo, outros se postaram como sentinelas do lado de fora, e todos começaram a entoar um som muito melodioso. Um homem deu um passo à frente – a única coisa que o distinguia do resto era um cordão dourado em torno de seu manto branco. Parou com os braços erguidos para o alto e começou a cantar muito baixinho, como fazem num coro grego ou nas cerimônias católicas, quando o padre canta e a congregação responde. Conheço latim, e o cântico tinha aquele timbre fluido, mas era muito mais primitivo.

A seguir, juntaram as mãos e começaram a cantar de novo, num som muito parecido com o canto gregoriano. O líder virou-se e todos se sentaram. Outros dois sacerdotes adiantaram-se com bolsas e as abriram no altar. A princípio, não consegui descobrir o que havia nelas, então observei que eram ossos. Era como se estivessem honrando seus mortos.

Enquanto todos cantavam sentados, o alto sacerdote pegou a espada, fez um gesto na direção de um dos portais de pedra e apontou para o céu. A seguir, passou pelo portal e voltou através daquele que ficava logo depois, ainda apontando para o céu com a espada. (Consegui enxergar através de algumas das entradas e logo percebi que cada uma delas não só apontava para o ponto onde o sol se erguia, mas também para galáxias diferentes, inclusive Andrômeda.)

Os sacerdotes ficaram ali por um longo tempo e depois, como se atendendo a um sinal, seguiram um a um o líder através das portas, olhando para o céu. Não houve nenhum sacrifício humano, nenhum derramamento de sangue – apenas um grupo de figuras espirituais semelhantes a monges, trajados de mantos brancos, dando graças a sua deidade ou deidades e reencenando seus objetivos nesta terra.

Tudo isso aconteceu num relance, e, antes que eu pudesse expressar silenciosamente o que sentia, meu espírito-guia, Francine, disse:

– Estão mostrando a crença de que reencarnam de tempos em tempos, e de que viemos de outras galáxias. As pedras são símbolos da nossa entrada nesta realidade.

Muito parecido com os antigos celtas, porém ainda mais sofisticados, a ponto de serem viajantes do tempo, pensei.

Era como se os druidas dissessem: "Eu morrerei, mas irei para os céus e possivelmente me recobrarei lá e voltarei para cá através do portal da vida para aprender". É muito semelhante ao credo de nossos cristãos gnósticos, sem a astronomia incluída. Fiquei com a sensação de que a vida é um círculo – às vezes nos encontramos de volta ao ponto de partida, a menos que passemos pelos portais da vida para Deus e aprendamos nossa lição.

Preciso fazer uma pausa aqui para explicar quem é Francine para aqueles que não estão familiarizados com ela. Francine é meu principal espírito-guia, e está comigo desde que nasci. (Também tenho um guia secundário, Raheim, que veio até mim mais tarde, mas ele não aparece neste livro.) Além de ser médium

Segredos e mistérios da humanidade

sensitiva e clarividente, sou clariaudiente, ou seja, sou capaz de *ouvir* Francine, o que faço desde os sete anos de idade. Agora, se você leu algum de meus outros livros, então sabe que ela é uma grande pesquisadora e que se mostra inúmeras vezes. Até mesmo coisas que pareciam ridículas revelaram-se verdade no decorrer dos anos (muitas delas serão mencionadas aqui).

Francine contou-me que, durante os equinócios de primavera e de outono, o povo de Stonehenge trazia trigo, milho e frutas para o lugar sobre a pedra do altar como oferenda. Era algo muito simples e, mesmo assim, muito bonito – nada misterioso ou assustador.

Conforme eu saía do local, pedi a meu grupo que olhasse para aqueles montes redondos de terra que circundam Stonehenge, pois eram câmaras mortuárias. Pouco tempo depois, a imprensa informou que arqueólogos haviam encontrado esqueletos dentro e em torno de Stonehenge. Detesto dizer isso depois do fato, mas sei que as pessoas que estavam comigo, inclusive nosso guia, Peter Plunkett (que vive na Irlanda), lembram-se de tudo. O aspecto dos restos enterrados também remonta à lenda que Geoffrey de Monmouth relata a respeito do fato de Stonehenge ter sido erigida como um memorial. As pessoas desejavam ser enterradas tão perto quanto possível desse local religioso e sagrado. Quanto maior a sua importância no grupo, mais perto eram enterradas; assim, nobres e altos líderes eram sepultados mais perto do sítio sagrado que outros.

Como afirmo muito vezes, não aceite simplesmente o que eu digo (ou o que qualquer um diga) como verdade. Pesquise os fatos, e chegará às conclusões corretas. Mas não presuma que tudo que não conhecemos seja errado ou ruim, ou que já sabemos todas as respostas. Uma mente fechada não deixa nada entrar... ou, o que é mais relevante, nada sair.

2
ILHA DE PÁSCOA

A Ilha de Páscoa sempre foi considerada um dos lugares mais misteriosos deste planeta. Localizada no Pacífico Sul, a cerca de 3.200 quilômetros tanto do Chile como do Taiti (os centros populacionais mais próximos), o acesso à ilha não é dos mais fáceis. O primeiro europeu a relatar informações sobre ela foi o almirante holandês Jacob Roggeveen, na páscoa de 1722 – daí o nome.

Segundo os arqueólogos, existem provas de que os polinésios descobriram a ilha por volta dos anos 400; embora muitos cientistas concordem com isso, alguns dizem que ela foi, na verdade, habitada pelo povo da América do Sul. O explorador Thor Heyerdahal, autor de *Kon-Tiki*, teorizou que os primeiros habitantes vieram do Peru, devido à semelhança entre as estátuas da ilha, chamadas *moais*, e as obras peruanas em pedra.

Os *moais* atingem algumas toneladas e cerca de 1,20 m de altura e quase 22 metros de extensão, a aproximadamente 150 a 165

Um homem de 1,98m perto de um dos *moais*!

toneladas, com uma altura média de 4 metros e um peso médio de 13 toneladas. Somente 288 dos 887 estão em seu local de descanso definitivo. O resto está ainda nas pedreiras ou espalhado pela ilha; foram abandonados enquanto eram transportados.

Hoje em dia, seus habitantes se referem à terra, ao povo e ao idioma da Ilha de Páscoa como *Rapa Nui*. Os ilhéus tinham uma linguagem escrita chamada de *Rongorongo*, que não pôde ser completamente decifrada até os dias atuais. Existem apenas 26 tábuas de madeira contendo inscrições nessa linguagem, e seu significado ainda não foi estabelecido. Além disso, a ilha contém muitos petróglifos (gravuras rupestres) que representam pássaros e o dia a dia dos antigos habitantes. Eram como um diário, feito para mostrar às gerações futuras como viviam e o que faziam em suas atividades rotineiras. (O filme *Rapa Nui*, dirigido por Kevin Reynolds, foi baseado em alguns desses petróglifos.)

Um dos maiores mistérios da Ilha de Páscoa é a razão pela qual o povo repentinamente parou de construir os *moais*. Os cientistas teorizam que a população da ilha tornou-se tão grande que prejudicou o ecossistema ao ponto de não suportar a população em geral. Outros especulam que as florestas da ilha foram derrubadas até a extinção: a madeira foi utilizada para mover os gigantescos *moais*, e a terra, para a agricultura. Afirmam também que, em virtude da escassez de madeira, os ilhéus não podiam mais transportar os imensos monólitos; daí a repentina paralisação do trabalho com as estátuas.

De acordo com as provas, os habitantes da Ilha de Páscoa entraram então em declínio, imersos numa sangrenta guerra civil que alguns acreditam que tenha terminado em canibalismo. Durante essa época, todas as estátuas foram derrubadas pelos ilhéus – o esforço recente de arqueólogos é que pôs os *moais* de pé. De acordo com um artigo disponível no site da BBC (www.bbc.co.uk), a escravidão e as doenças trazidas à ilha pelos ocidentais, como a varíola e a sífilis, reduziram a população nativa a 111 por volta de 1877. Com a anexação da ilha pelo Chile, em 1888, contudo, a população cresceu para aproximadamente 3.800 habitantes hoje em dia.

Não concordo com a parte do canibalismo, mas tenho certeza de que a Ilha de Páscoa foi o lar de uma civilização altamente avançada, e que os monólitos eram feitos para parecer assustadores, a fim de manter os forasteiros afastados.

Há uma estranha correlação com os druidas quanto ao fato de terem suas próprias crenças, fazerem sacrifícios a seus deuses e praticarem até mesmo algum tipo de magia.

Os *moais* funcionavam como sentinelas silenciosas que guardavam o lugar contra intrusos. Imagine se deparar com a ilha e ver aquelas figuras gigantescas, grotescas, com suas enormes e ameaçadoras cabeças vigiando o mar. Se você fosse ignorante e supersticioso, tenho certeza de que daria meia-volta!

Embora não tenham a simetria de Stonehenge, as muralhas e as obras em pedra dos habitantes da ilha eram excepcionais, e rivalizavam com as maravilhas do Peru e do Egito. (Seria fácil acreditar que os *moais* foram trazidos pelos OVNIs, como muitas coisas que veremos neste livro, mas eles não foram.)

SHANGRI-LA 3

Desde que se tornou famosa no romance *Horizonte perdido*, de James Hilton, Shangri-La estimula a imaginação das pessoas. Talvez porque os humanos aspiram profundamente a um lugar assim no mundo – onde exista alegria e paz, ninguém envelheça e todos vivam em harmonia. Acredito que é como um anseio pelo Outro Lado.

Supõe-se que Shangri-La esteja localizada em algum lugar nas montanhas do Himalaia, nas vizinhanças do Tibete. (Francine diz que existe uma cidade em formato de lótus no centro do Himalaia, habitada por seres do espaço. Seriam esses os *dropas* dos discos de pedra e crânios de cristal que foram encontrados nas montanhas da China? Esse lugar misterioso também é chamado de *Shambhala* pelos habitantes locais. De acordo com um artigo de David Wallechinky no *The People's Almanac nº 3*, é conhecido como o "reino oculto", e lá existem seres humanos perfeitos e semiperfeitos, que guiam a evolução da humanidade. (Não quero ser rude, mas não fazem um

O reino em formato de lótus de Shangri-La está localizado no centro das montanhas do Himalaia.

bom trabalho na minha opinião; por outro lado, quem sabe fôssemos muito piores se eles não estivessem lá.)

Supostamente, Shangri-La é protegida do mundo exterior por barreiras psíquicas que os tibetanos chamam de "guardiões de neve". No início de 1900, um major inglês acampava no Himalaia e viu um homem muito alto, vestido em trajes leves, de longos cabelos louros, que, ao perceber estar sendo observado, saltou rapidamente por um declive vertical e desapareceu. Quando o major mencionou essa visão, os tibetanos acampados com ele não demonstraram nenhuma surpresa, e explicaram calmamente que era um dos homens de neve que guardavam a terra sagrada de *Shambhala*.

Relato mais detalhado de uma espécie de guardião de neve foi feito por Alexandra David-Neel, que passou 14 anos no Tibete. Ao fazer uma das muitas viagens através do Himalaia, ela viu um homem se mover com extraordinária rapidez e descreveu-o como segue:

> Pude ver com clareza sua face perfeitamente calma e impassível e os olhos arregalados, com o olhar fixo em algum objeto invisível em algum lugar ao alto no espaço distante. O homem não correu. Pareceu erguer-se do solo, avançando aos pulos. Era como se fosse dotado da elasticidade de uma bola, e quicava cada vez que seus pés tocavam o chão. Seus passos tinham a regularidade de um pêndulo.

Dizem que nunca mais se ouve falar das pessoas que procuraram por Shangri-La. Acredito que foram congeladas na perigosa jornada ou que então simplesmente resolveram ficar por lá. Supostamente existe um mosteiro bem perto, afetado pela energia residual de *Shambhala*; e muitos dos que foram para lá experimentaram efeitos curativos incríveis. Shirley MacLaine visitou o Tibete e me contou que sentiu uma energia maravilhosa naquele lugar.

Muitos historiadores acreditam que o sânscrito veio de Shangri-La, embora Francine diga que vem da Lemúria (da qual falaremos mais tarde no livro). Também se supõe que *Shambhala* ou Shangri-La seja a fonte do *Kalacakra*, a forma mais elevada de misticismo tibetano. A única coisa que, para mim, dá crédito a essa teoria é que Buda (a quem respeito imensamente como um mensageiro) pregou os ensinamentos do *Kalacakra* aos homens santos na Índia. Wallechinsky afirma:

> Depois disso, os ensinamentos permaneceram ocultos por mil anos até que um estudioso iogue indiano partiu em busca de *Shambhala* e foi iniciado nos ensinamentos por um homem santo que conheceu pelo caminho. O *Kalacakra* então continuou na Índia até que seguiu para o Tibete em 1026. Desde então, o conceito de *Shambhala* ficou amplamente conhecido

no Tibete, e os tibetanos estudam o *Kalacakra* há pelos menos 900 anos, aprendendo sua ciência, praticando sua meditação e utilizando seu sistema de astrologia para guiar sua vida. Como salientou um lama tibetano, como poderia *Shambhala* ser a fonte de algo que afeta tantas áreas da vida tibetana durante tanto tempo e, contudo, não existir?

Os textos religiosos tibetanos descrevem a constituição física da terra oculta em detalhes. Imagina-se que se pareça com uma flor de lótus de oito pétalas por ser constituída de oito regiões, cada uma rodeada por um anel de montanhas. No centro do anel mais interno fica *Kalapa*, a capital, e o palácio do rei, feito de ouro, diamantes, coral e pedras preciosas. A capital é rodeada por montanhas de gelo, que brilham com uma luz cristalina. Supõe-se que a tecnologia de *Shambhala* seja altamente avançada; o palácio contém claraboias que servem como telescópios de alto poder para estudar a vida extraterrestre, e, por centenas de anos, os habitantes de *Shambhala* utilizam aeronaves e carros que transitam por uma rede de túneis subterrâneos. No caminho do esclarecimento, os *shambhalenses* adquirem poderes como a clarividência, a capacidade de se mover em grande velocidade e a habilidade de se materializar e desaparecer à vontade.

Segundo a publicação de *The People's Almanac,* "a profecia de *Shambhala* afirma que cada um de seus reis reinará por cem anos e que serão 32 ao todo". Conforme cada reino passa, as "condições no mundo exterior se deteriorarão", até que o último rei salve o mundo conduzindo uma tropa poderosa contra o mal. Para mim, isso soa como o Armagedon. Na verdade, poderia todo o conceito do Armagedon ter sido extraído desses antigos escritos e profecias?

Os monges tibetanos dizem, em seus textos, que tudo acontece justamente como escrito na profecia de *Shambhala*. Não divulgam nenhuma informação sobre aquilo que está por vir, pois a maioria deles acredita que não conseguiríamos lidar com isso ou que não é da nossa conta. Assim, nosso conhecimento sobre a profecia – a desintegração do budismo no Tibete, o incrível materialismo e a falta de cuidado que avança agora pelo mundo, as guerras e turbulências do século XXI – parece se encaixar com o pouco que sabemos sobre a profecia de *Shambhala.*

4
O Triângulo das Bermudas

A região, fonte de especulação há décadas, vai de Miami das Bermudas e até San Juan, em Porto Rico, no oceano Atlântico (que, tenho certeza, foi parte de Atlântida, mas chegaremos a isso no próximo capítulo). É estranho observar que essa área forma um tipo de pirâmide que parece situar-se num ponto de grade vinculado a outros pontos na Terra que assistem a fenômenos bizarros e inexplicáveis.

Francine diz que, do México ao Egito, e do Peru ao mar da China, existem pontos de vórtice de cada lado do Equador interconectados para formar uma grade de áreas altamente eletromagnéticas (existem aproximadamente 12 ao todo) que causam fenômenos estranhos – não apenas nessas 12 áreas, mas também nas linhas interconectadas que as unem. Ela afirma que as linhas tornavam mais fácil, para os antigos visitantes alienígenas, o deslocamento rápido de um local para o outro sobre a superfície do planeta, quase como o sistema de satélite que utilizamos hoje em dia.

Ouvi falar do Triângulo pela primeira vez quando tinha mais ou menos 12 anos de idade, e nunca esqueci. Estava assistindo à cantora e estrela de rádio e TV Kate Smith em nossa televisão de marca Emerson, de dez polegadas (isso aconteceu por volta de 1950). Um piloto conversava com ela sobre um episódio ocorrido em um voo sobre aquele lugar estranho na região da costa da Flórida. Ela prosseguiu dizendo que um objeto cilíndrico silencioso surgira ao lado de sua aeronave (o que deve ter sido realmente esquisito, já que só tínhamos aviões a motor na ocasião). Explicou que tentou contatar o outro objeto por meio da transmissão rudimentar de rádio do avião, mas tudo o que obteve como resposta foi uma voz "metálica" dizendo: "Saia desta área".

Para mim, aquela parecia uma história fantástica, e não dei crédito a ela até anos mais tarde, quando um amigo médico, em quem confio completamente, morria de câncer do estômago. Ele resolveu fazer uma viagem para o Triângulo porque ouvira dizer que tinha poderes curativos – àquela altura da vida, ele imaginou: que mal pode fazer? Não importava quantas vezes ele contasse a história, era sempre com grande entusiasmo e admiração.

Parece que ele e três outras pessoas (uma das quais era outro amigo meu, com uma posição importante na IBM) foram para o centro aproximado do Triângulo das Bermudas para mergulhar no mar profundo. Meu amigo médico relatou ter visto uma pirâmide com um cristal no topo sob a água. Tentou chegar mais perto dela, mas foi repelido pelo que pareceu ser uma força elétrica que transpassou seu corpo.

Isso, creio eu, não foi apenas por causa da pirâmide (ou pirâmides – relatos indicam que pode haver mais de uma); o cristal também emite uma força eletromagnética. Tenho certeza de que nos próximos dez anos mais ou menos encontraremos os restos de uma pirâmide com uma esfera de cristal

Segredos e mistérios da humanidade

como meu amigo viu, provavelmente perto de Bimini, na região da costa da Flórida. Mergulhadores encontraram o que parecem passos perto de Bimini, mas, por algum motivo, não houve investigação posterior.

Para encurtar uma longa história, o câncer de meu amigo desapareceu – para espanto de três médicos. Embora alguns tenham zombado disso, a saúde de meu amigo era prova suficiente para ele. Fiquei muito empolgada não apenas com sua cura, mas porque, sem que ele soubesse, tinha validado o que Francine havia contado a nosso grupo em 1977.

Ela disse que o Triângulo das Bermudas era e é uma estrada intergaláctica por meio da qual as pessoas poderiam se transportar de um planeta para outro – um tipo de experiência tipo "teletransporte-me, Scotty" de *Jornada nas Estrelas*, ou um "portal estelar", como nos filmes ou séries de televisão. As pessoas seriam colocadas nessas rampas tubulares para serem lançadas a outro planeta. Francine disse que o único problema é que não temos a tecnologia necessária para entender o conceito, nem realmente sabemos como entrar em contato com o planeta que tentamos alcançar de modo a poder empregar o mecanismo para utilizá-lo. Imagine chegar a um elevador sem saber como apertar os botões – você ficaria parado ali, sem saber o que fazer ou como chegar a algum lugar.

Não parece existir uma hora particular em que aconteçam esses eventos, ou condições atmosféricas específicas que os provoquem: Francine diz que são como envelopes de tempo que se abrem e se fecham. (Há uma história bem documentada, na qual um fazendeiro saiu de sua porta, em Nebraska, e simplesmente desapareceu diante da família inteira. Durante três dias eles o ouviram pedindo ajuda no ar vazio, mas ninguém conseguia vê-lo nem tocá-lo. Isso faz você pensar... algumas vezes esses desaparecimentos misteriosos poderiam ser apenas casos de vítimas que entram por esses portais.)

Não quero que as pessoas imaginem que isso aconteça com frequência, mas alguns alegam que mais de mil pessoas se perderam no Triângulo das Bermudas.

Não importa que as teorias abundem a respeito desse assunto, alguns cientistas e a guarda costeira dos Estados Unidos tentam varrê-las para debaixo do tapete como "fenômenos naturais". Contudo, ainda permanece o fato de que o Triângulo das Bermudas é um dos únicos dois lugares neste planeta onde tantas vidas foram perdidas e onde tais ocorrências estranhas ocorrem. (Eu lhe contarei sobre o outro ao final deste capítulo).

A famosa história que levou o Triângulo às manchetes envolveu uma bomba-torpedo (Voo 19) em 1945. O voo partiu de Fort Lauderdale, na Flórida, por volta das 14h, para uma missão de treinamento. O tenente Charles Taylor, comandante da missão, era um piloto muito experiente, e deveria voar com sua tripulação por 56 milhas até os baixios de *Hens and Chickens* para conduzir o treinamento da série de bombardeios. Quando o percurso foi completado, eles deveriam voltar outras 67 milhas adicionais a leste, virar ao norte por 73 milhas e finalmente voltar à base, que ficava a outras 120 milhas mais ou menos – um caminho que os levaria numa trilha triangular sobre o mar.

Depois de uma hora e meia de voo, o tenente Cox captou uma transmissão de rádio de Taylor afirmando que as bússolas do avião não estavam funcionando. Ele achava que estava sobre as *Florida Keys*, mas Cox o aconselhou a voar ao norte, na direção de Miami. O tenente Taylor ficou ainda mais confuso e começou a pensar que partira do ponto errado de acordo com sua bússola. (O campo magnético da pirâmide submersa e o cristal naturalmente fizeram com que todos os instrumentos parassem de funcionar.)

Por volta das 16h30 ficou claro para o tenente Taylor que ele estava perdido. Às 18h20 a Marinha enviou aviões de bus-

Segredos e mistérios da humanidade

ca (de um deles nunca mais se ouvir falar, e se presumiu que tenha explodido sobre o oceano) para localizar o Voo 19. A última transmissão do Voo 19 foi ouvida às 19h04.

Mesmo com o tempo calmo, essa área parece mostrar um alto grau de energia eletromagnética sobre os instrumentos. Pesquisas sismográficas realizadas no Oceano Atlântico demonstram que existem muitos desvios e contornos inexplicáveis nessa parte do mar. Áreas que eram bastante rasas de repente caem em algum dos mais profundos abismos de qualquer oceano. Um dos melhores sites da internet para obter informações sobre o Triângulo das Bermudas, www.bermuda-triangle.org, é escrito por Gian J. Quasar (que passou os últimos 12 anos pesquisando cada desaparecimento no Triângulo e documenta todos eles – pelo menos na medida em que podem ser documentados). Quasar afirma que muitos dos "acidentes" não podem ser explicados, mesmo que diversos deles tenham enviado sinais de SOS. Ainda mais misteriosos são aqueles em que absolutamente nenhum sinal foi enviado.

Dois dos mais fascinantes incidentes envolvem o desaparecimento de um avião Super Constellation, em 1954, com 42 pessoas a bordo, e que não foi encontrado nenhum sinal de naufrágio ou carga; e o desaparecimento do cargueiro de 590 pés *Sylvia L. Ossa*, que simplesmente sumiu em 1976. Em ambas as ocorrências, o tempo estava ótimo; no entanto, eles se desvaneceram sem um único bipe de seus rádios, que poderiam ter emitido um SOS ou pelo menos avisado alguém de que estavam com problemas. A carga do Super Constellation tinha travesseiros, copos de papel e até mesmo botes infláveis, e todos boiaram, mas as buscas não trouxeram nenhuma evidência de nada.

Sinto que alguma coisa submersa nessa área é ativada em certas ocasiões ou sob certas condições (talvez como um meio de comunicação há longo tempo perdido) e, quando barcos ou aviões se encontram dentro da área ativada, os instrumentos ficam confusos e os aparelhos são pegos no envelope do tempo. Perguntei a Francine:

– Pelo amor de Deus, o que acontece com essas pessoas? Ficam aprisionadas em alguma distorção do tempo?

Ela retrucou:

– Claro que não. Nós vamos lá e as resgatamos.

Faço aqui um aparte para comentar que o site www.bermuda-triangle.org afirma que, depois de muito ceticismo, a ciência, em anos recentes, investiga a fundo o que causa a habilidade psíquica nas pessoas. (Que sorte: estou sendo estudada, e eles ainda não sabem como eu faço o que faço – nem eu.) A CIA agora admite, assim como membros da antiga União Soviética, que foi utilizada "espionagem psíquica" em ambos os lados. Você lerá aqui em primeira mão: fui contatada pela CIA, como minha equipe atestará, e me recusei absolutamente a tomar parte nisso. Meu papel é ajudar as pessoas, não ser uma espiã. Já sei o que sei... vou simplesmente ficar quieta, e espero que eles encontrem o que procuram.

Além disso, muita gente não sabe que o Triângulo das Bermudas não é o único lugar onde desaparecem navios, aviões etc. Existe também uma área no mar da China conhecida como "o mar do Diabo", que experimenta muitos dos mesmos fenômenos – é interessante observar que o Triângulo das Bermudas foi chamado de "o Triângulo do Diabo".

O site www.crystalinks.com afirma que fenômenos observados na área do Triângulo das Bermudas incluem uma névoa verde fosforescente e água branca também fosforescen-

Segredos e mistérios da humanidade

te que podem ser vistas em imagens de satélite. Prossegue dizendo que até mesmo Cristóvão Colombo escreveu sobre esse mar em seu diário. Na verdade, o Triângulo pregou tantas peças na tripulação de Colombo que quase a levou a um motim (o que não é incomum, já que existem tantos registros de que os instrumentos se tornam descontrolados nessa área). Pode parecer pouco plausível, mas quem pode dizer que essa não é uma das razões pelas quais Colombo ficou tão confuso que aportou nas Índias Ocidentais em vez do lugar aonde pretendia ir?

O Triângulo das Bermudas permanece um enigma até os dias de hoje – embora pesquisadores, biólogos marinhos, a guarda costeira e o governo dos Estados Unidos procurem encontrar o que há nos fenômenos que ocorrem ali. (E isso não leva em conta os inumeráveis grupos privados de médicos, cientistas e médiuns que tentam solucionar esses mistérios.)

Descobertas estranhas ainda surgem ao redor do mundo, relacionadas ao Triângulo. Por exemplo, um velho livro do explorador inglês Percy Fawcett fala de índios isolados da América do Sul que descreviam enormes cristais no topo de templos em ruínas e enterrados nas selvas do Brasil. Falam de colunas reluzentes e lanças de vidro e cristal, tal como Edgar Cayce, o grande "profeta adormecido", e Francine relatam. Essa informação, porém, foi registrada pelo filho de Fawcett e não publicada até 1950. O coronel Fawcett partiu em sua oitava expedição para o Brasil em 1925, e ele e seu grupo jamais retornaram, nem foi encontrado vestígio da expedição. (Essa informação surgiu depois da apresentada tanto por Cayce como por Francine.)

Sempre me senti confusa ao pensar por que mandamos foguetes para o espaço quando existem tantos mistérios inexplicáveis para explorar bem aqui na Terra. Tenho esperança, contudo – com o planeta se inclinando, muitos de nós vivendo para ver os continentes se elevarem ou, pelo menos, parte deles –, de que muitas de nossas perguntas possam ser respondidas mais cedo do que pensamos.

Ilustração de Atlântida, representando o abuso pelos atlantes dos recursos naturais.

5
O Continente Perdido de Atlântida

Quando eu tinha oito anos, minha avó me falou pela primeira vez de um "continente perdido" no oceano Atlântico. Não escrevi muito sobre minha avó até este livro, então deixe-me dizer que ela foi um dos grandes amores de minha vida. Vinha da nobreza alemã e tinha orgulho de sua herança, mas de um modo humilde, não esnobe.

Vovó Ada tinha 1,72 m e era voluptuosa, uma loura muito bonita com grandes olhos azuis. Só recebeu instrução durante oito anos num colégio de freiras; contudo, leu todos os livros da enorme biblioteca de seu pai e podia recitar passagens inteiras dos clássicos. (Eu, de certa forma, herdei sua memória.) Como eu, vovó Ada não era médium em proveito próprio, mas certamente curava, falava com espíritos e tinha visões.

Segredos e mistérios da humanidade

No entanto, minha avó também gostava de Edgar Cayce no que dizia respeito a suas "vozes". Ela nunca as chamava pelo nome; dizia apenas: "Eles me disseram...".

A razão de eu a mencionar aqui é porque Atlântida era o assunto do qual minha avó mais gostava de falar, além do Outro Lado. Ela acreditava que vivera antes, em Atlântida; da mesma forma como me sinto sobre meu amado Quênia, ela era praticamente viciada no continente perdido. Pelo menos eu pude ir ao Quênia muitas vezes – infelizmente, minha avó nunca pôde ir à Atlântida e experimentar a sensação de estar em casa. Assim, qualquer coisa que ela ouvisse, lesse ou pudesse extrair de seus guias a deixava em êxtase.

Quando cresci e relatei a vovó Ada as coisas que Francine me contava sobre Atlântida, ela me disse:

– Ah, certo... por favor, continue, isso convalida aquilo que vivi.

Também preenchemos as lacunas sobre o que os outros não sabiam. Assim, o que segue são informações que reuni de minha pesquisa, de meus clientes de hipnose, de minha avó e de Francine.

Descobertas do Continente Perdido

Quando visitei a ilha grega de Santorini, não muito tempo atrás, mostraram-me orgulhosamente livro após livro afirmando que a ilha é parte de Atlântida. Ora, você pode imaginar como uma ilha do Mediterrâneo figuraria como um fenômeno do oceano Atlântico? Bem, a parte oriental de Atlântida era na região da costa da Espanha e da África, e Francine diz que a parte ocidental estendia-se para o Caribe e a península de Iucatã, englobando também o Triângulo das Bermudas e o mar dos Sargaços. Atlântida tinha também ilhas adjacentes – das quais Santorini era uma –, tal como Catalina fica na costa da Califórnia (contudo, Santorini era mais distante de Atlântida do que Catalina é da costa da Califórnia).

O site www.world-mysteries.com afirma que *Timeu* e *Crítias*, dois dos diálogos de Platão, são os únicos registros escritos que especificamente se referem à Atlântida. Trata-se de conversas entre Sócrates, Hermócrates, Timeu e Crítias, nos quais os dois últimos falam a Sócrates sobre essa sociedade que conheciam. Isso poderia, naturalmente, validar a alegação de Santorini (sendo grega) de que era originalmente parte de Atlântida.

Os diálogos falam de um conflito entre os antigos atenienses e os atlantes 9 mil anos antes da época de Platão – portanto, é compreensível que não muito do que foi escrito naqueles dias sobre alguma coisa, para não citar Atlântida, tenha sobrevivido. Alguns escritos de Aristóteles permanecem, mas textos inteiros que esses grandes mestres escreveram certamente não perduraram. Francine afirma que muito do que foi escrito na época foi destruído no incêndio da biblioteca de Alexandria, mas mesmo isso foi limitado, já que muita coisa dependia da tradição oral naquela época. (Acho engraçado que aceitemos absolutamente a Bíblia como história válida da tradição oral, mas, quando falamos sobre coisas como Atlântida ou Lemúria, surgem os cientistas que negam...)

Atlântida parece ter aparecido primeiro aproximadamente 500 mil anos atrás, e alcançou seu apogeu em torno de 12 mil a 15 mil anos atrás como um continente muito artístico, culto e voltado para a ciência – diferentemente da Lemúria, que tinha uma sólida base espiritual enraizada em sua cultura (falarei mais sobre a Lemúria no próximo capítulo). Enquanto a Lemúria foi destruída por causa de uma progressão natural de eventos causados pela Mãe Natureza, os atlantes, muito competitivos, na verdade se destruíram como resultado de seu conhecimento da energia atômica e da física nuclear.

No fim, quando muito do continente havia sido varrido em virtude de experimentos anteriores com energia eletromagnética, a maioria de seus cidadãos foi morta – exceto por alguns

Segredos e mistérios da humanidade

poucos que escaparam para partes da Espanha, do Egito e de Iucatã. (Assim como faltava, aparentemente, aos atlantes qualquer preocupação sobre a poluição do planeta com sua indústria, se nós, humanos modernos, não refletirmos sobre o que fazemos, poderemos nos encontrar na mesma situação. O poder absoluto realmente corrompe.)

Antes de irmos adiante, examinemos as provas da existência da Atlântida como informado pelo site www.world-mysteries.com.

- Uma pirâmide explorada pelo dr. Ray Brown no fundo do mar na região das Bahamas em 1970. Brown foi acompanhado por quatro mergulhadores que também encontraram estradas, catedrais e uma estátua que segurava um cristal "misterioso" com pirâmides em miniatura. Os dispositivos de metal e os cristais foram levados a uma universidade da Flórida para análise. O que se descobriu foi que o cristal amplificava a energia que passava através dele.

- Ruínas de estradas e construções encontradas na região da ilha de Bimini, em 1960, pelas expedições fotografadas e publicadas pelo dr. Mansan Valentine. Ruínas submersas semelhantes também foram fotografadas na região de Cay Sal, nas Bahamas, e na região do Marrocos, de 15 a 18 metros sob a água.

- Uma imensa pirâmide de 11 cômodos encontrada 3 mil metros debaixo d'água no meio do oceano Atlântico com um enorme cristal no topo, como informado por Tony Benlk.

- Um relato de 1977 sobre uma enorme pirâmide encontrada na região de Cay Sal, nas Bahamas, fotografada pela expedição de Ari Marshall, cerca de 45 metros sob a água.

Sylvia Browne

- A pirâmide tinha cerca de 200 metros de altura. Misteriosamente, era rodeada por água branca cintilante que fluía para fora das aberturas da pirâmide e circundada por água verde – naquela profundidade, a água era negra por toda parte.

- Uma cidade submersa cerca de 644 quilômetro na região de Portugal, encontrada pelas expedições soviéticas lideradas por Boris Asturua, com construções feitas de concreto e plástico extremamente resistentes. Asturua disse: "As ruínas das ruas sugerem o uso de monotrilhos para transporte". Ele também trouxe uma estátua para a superfície.

- Heinrich Schliemann, o homem que encontrou e escavou as famosas ruínas de Troia (que os historiadores pensavam ser uma lenda), supostamente deixou um relato escrito da descoberta de um vaso de bronze com um metal desconhecido aos cientistas que o examinaram, do famoso Tesouro de Príamo. Dentro dele existiriam pictogramas em fenício que afirmavam que ele pertencia ao rei Cronos de Atlântida. Cerâmica idêntica foi encontrada em Tiajuanaco, na Bolívia.

Em tese, existem muito mais descobertas, mas você entendeu a ideia. Há, evidentemente, muitas pesquisas que revelam civilizações antigas das quais nada sabemos. Francine afirmou, muitos anos atrás, que a Atlântida sofrera três grandes cataclismas em sua história: o primeiro cerca de 50 mil anos atrás; o segundo, cerca de 25 mil anos atrás; e o terceiro, que destruiu sua civilização, cerca de 12 mil anos atrás. Ela contou ainda que essas comoções foram visualizadas por alguns atlantes como advertências para o fato de que se aprofundavam em coisas que provocariam a derrocada de sua civilização. Infelizmente, os "profetas do Juízo Final" eram minoria, e, portanto, não foram ouvidos.

Observe o que o site www.world-mysteries.com tem a dizer sobre Atlântida:

> É fascinante a história de como esses vários continentes se tornaram habitados por civilizações muito avançadas, mas, depois de milhares de anos, tudo chegou a um fim por volta de 11.500 anos, em razão de eventos planetários dramáticos que afundaram e moveram continentes e cobriram muito da terra com água. Indícios da história na Terra antes de nossa própria história registrada recentemente podem ser encontrados nos textos sumerianos.

Isso é bem próximo da linha do tempo revelada à vovó Ada e a mim por nossos guias, tirando ou acrescentando uns 500 anos. Muitos pensam que o que aconteceu a Atlântida foi bastante parecido ao que com frequência digo na televisão: uma inclinação polar provoca tensão sobre algumas massas de terra e, em conjunto com um movimento planetário, cria uma fenda nos continentes. Tanto Lemúria como Atlântida foram submersas por causa de uma inclinação polar, e o resultado foi que muito da terra foi coberto pela água.

Os atlantes faziam experimentos com energia eletromagnética e gravidade, o que Francine afirma ter sido a causa principal de tamanha devastação. Normalmente, uma inclinação polar somente provoca erupções vulcânicas, terremotos, e fará com que algumas massas de terra se movam ou se rompam ligeiramente, mas essa foi a maior na história da Terra. (Sem prolongar o assunto, isso poderia explicar por que temos a história de Noé e sua arca.) A maioria desses "cobrimentos da terra pela água" pode também ser encontrada nos antigos textos sumérios.

A vida em Atlântida

Existem muitas teorias sobre os atlantes. Sabemos que sua estrutura social consistia basicamente em duas classes: cidadãos ricos e escravos. Claro que possuíam normas e vários conselhos de anciãos e conselheiros, mas estes eram incluídos na classe de "cidadãos", a maioria dos quais era muito rica, provavelmente em grande parte porque havia também uma classe de escravos. É bastante interessante o fato de que os escravos eram bem-tratados e respeitados por seus talentos – na verdade, pelos padrões de hoje, seriam chamados de "classe média" –, e alguns chegavam a constituir fortuna em grande escala. Atlântida era uma civilização indulgente, e quase todos compartilhavam de sua abundância.

O povo do continente perdido tinha uma expectativa de vida de 800 anos (semelhante a Matusalém, na Bíblia), e sua estatura ia de 2,5 m a 3,5 m (a Bíblia também fala em gigantes no Capítulo 6 do Gênesis). Podemos pensar que esses "gigantes" eram apenas fantasia, mas arqueólogos ficaram espantados quando mais de uma dúzia de esqueletos que mediam o tamanho mencionado foram encontrados em várias regiões ao redor do mundo. Os diários dos conquistadores espanhóis também descrevem gigantes de cabelos louros de 2,5 m a 3,5 m correndo pelos Andes durante a conquista dos incas. (Essas histórias são comparáveis àquelas que exploramos anteriormente acerca dos guardiões da neve de *Shambhala*.)

Os atlantes amavam as artes. A cultura era suprema em sua vida, mas também o era a tecnologia – a busca por esta conduziu à sua derrocada quando saiu do controle. Os cidadãos do continente perdido começaram a procurar empreendimentos criativos como a filosofia, a escrita, a escultura e a pintura, mas, gradualmente, tornaram-se mais tecnocratas e muito comercializados. (Neste planeta, exatamente agora,

Segredos e mistérios da humanidade

vejo uma situação semelhante: temos tanto a facção espiritual que acompanha a estética *como* os tecnocratas comerciais fazedores de dinheiro.)

Vovó Ada e eu acreditamos que os atlantes eram uma civilização altamente evoluída, mais sofisticada em tecnologia que qualquer pessoa hoje em dia poderia até mesmo sonhar. Por exemplo, os atlantes empregavam computadores que não somente controlavam dados, mas também faziam julgamentos concretos com base em raciocínio indutivo e dedutivo. Além disso, uma grande parte de sua tecnologia era devotada a formas diferentes de energia (inclusive solar). Tateavam e experimentavam forças eletromagnéticas e utilizavam cristais, grandes e pequenos, para concentrar essas energias. Infelizmente, muito de sua tecnologia perdeu-se para sempre.

Em 1938, Edgar Cayce sugeriu em duas preleções que os atlantes possuíam energia atômica e forças radioativas. É o caso de perguntar como um homem que nunca viajou tanto assim (e que não tinha treinamento científico) poderia se utilizar de palavras como *radiação* e *energia atômica* décadas atrás... ou como Francine apareceu com a mesma informação antes que eu pesquisasse Cayce algum dia.

Muitos teóricos (inclusive vovó Ada e eu) acreditam que Atlântida foi uma colônia de extraterrestres – alguns creem que vieram do sistema da constelação de Lira, enquanto Francine afirma que eram de Andrômeda. Isso possivelmente explica por que os atlantes podiam levitar. Talvez porque fossem de outro planeta, sabiam utilizar os campos gravitacionais, e esfriavam ou aqueciam cidades inteiras. Sabiam tanto sobre a atmosfera que eram capazes de controlá-la com máquinas ionizadas poderosas, e construíram o portal no Triângulo das Bermudas.

Também tinham controle sobre o tempo, os terremotos e as erupções vulcânicas, embora na época de sua existência nosso planeta fosse ainda mais violento do que é hoje em dia. Esse controle sobre o tempo contribuiu grandemente para a economia atlante, o que ajudou a produzir colheitas excepcionalmente abundantes que poriam nossos pobres vegetais "no chinelo". Além disso, sua forma de preservação da comida era impressionante; em regressão hipnótica, um de meus clientes disse que "via" que os atlantes utilizavam um tipo de alume que preservava o alimento durante anos sem jamais comprometer seu sabor.

Os atlantes tinham jardins e canais deslumbrantes, quase como um sistema de aquedutos que atravessava e rodeava muitas de suas cidades. As casas e os edifícios públicos eram espetaculares em sua beleza: muitos viviam em estruturas do tipo de pirâmides. Na verdade, os atlantes fizeram das pirâmides o ponto focal de sua civilização. Tanto minha avó como eu intuímos que algumas dessas pirâmides eram centros holísticos, assim como *hubs* de comunicação utilizados como estações de transmissão ou telefônicas por meio das quais o povo podia mandar e receber mensagens instantaneamente. Essas estruturas podiam ser construídas rapidamente com a utilização de um tipo de bastão antigravitacional, e a tecnologia foi transferida ao antigo Egito e a outras culturas antes de se perder. Grande parte da arquitetura atlante exibia colunas e arcos, projetos que também foram adotados por gregos e romanos.

O povo do continente perdido não enterrava seus mortos; em vez disso, eles eram cremados, utilizando um tipo de energia a *laser* concentrada por meio de cristais. Construíram grandes pirâmides para cura, novamente utilizando cristais. Seus centros curativos tinham o que podemos chamar hoje em dia de uma mesa de massagem, na qual a pessoa doente se deitava, e múltiplos cristais eram focalizados nela para empregar terapia de luz e cor, cirurgia a *laser* e energia magnética. Técnicos curandeiros (médicos) empregavam diferentes tipos de unguentos e bálsamos ou medicamentos, dependendo do tratamento necessário, e utilizavam os cristais no processo de cura.

Os atlantes tinham também um tipo de máquina para o rejuvenescimento do corpo, que empregava energia eletromagnética por intermédio de cristais, que ajudava na extensão da vida... Como afirmei, a expectativa de vida dos atlantes era normalmente muito longa. Além disso, utilizavam essa máquina para diagnosticar doenças: a pessoa entrava num tipo de câmara e a máquina "lia" a aura da pessoa, quase fazendo um raio X magnético (porém mais sofisticado que uma ressonância magnética) que proporcionava imagens abrangentes do corpo.

Órgãos artificiais eram utilizados para transplantes quando necessário, porém, perto do fim, quando a civilização tornou-se mais corrupta, os atlantes começaram a fazer experimentos com animais e humanos de maneiras bizarras e perigosas, chegando ao ponto de tentar fazer combinações homem-animal. Francine diz que muitas de nossas criaturas mitológicas, como os sátiros ou o Minotauro, derivam dos históricos desses experimentos. Tudo começou com tentativas de construir criaturas diferentes de duas espécies distintas, mas se deterioraram a partir daí.

À medida que o tempo progrediu, parece que os atlantes passaram a utilizar sua tecnologia para obter mais poder, e não apenas para curar-se e permanecer jovem. Como em todas as coisas, grandes ou pequenas, a ganância tornou-se o seu próprio senhor – e assim eles começaram a utilizar cristais para aprimorar a tecnologia e trocar por coisas maiores e melhores. Parece que a força do cristal foi então utilizada para finalidades destrutivas, como o extermínio de grupos de pessoas que não agradavam às classes dominantes. (Quem sabe sejam essas as máquinas voadoras descritas nos textos em sânscrito, com raios da morte que provocavam o caos e destruíam milhares de pessoas.)

Qualquer que tenha sido seu desenlace, os atlantes ainda faziam uso de energia nuclear e magnética e desfrutavam de tremenda capacidade curativa, e seu conhecimento científico não foi igualado em nossos dias. Talvez em um futuro distante a humanidade possa aprender que é suficiente admirar a proverbial caixa de Pandora sem precisar abri-la e soltar um poder chamado "cobiça".

Você pode encontrar conhecimento científico opinativo sobre o continente perdido em muitos sites da internet, e pode ler os livros nos quais Edgar Cayce apresentou suas informações sobre o assunto – para não mencionar muito mais indivíduos que professam teorias sobre Atlântida. Contudo, como eu afirmo, minhas informações não provêm apenas de livros ou sites – recolhi muitas delas com minha avó, com Francine e com centenas de clientes sob regressão hipnótica que vieram de muitas partes do mundo e que não tinham conhecimento do que os outros haviam dito.

Quando essas informações se encaixam e se justificam, acontece como meu livro *O outro lado da vida* (Ed. GMT, 2008), no qual inúmeras pessoas surgem com visões e conhecimentos semelhantes sobre nosso "Lar". Combinado com o que acreditei por um longo tempo antes de começar a fazer qualquer pesquisa, a miríade de verificações não pode deixar de obrigá-lo a se sentar e prestar atenção. É como se todos sob hipnose validassem as informações que recolhi tempos atrás de Francine e de minha avó.

Os cientistas não continuam pesquisando a mesma coisa até chegarem a uma determinação irrefutável? Claro que sim. Portanto, como digo inúmeras vezes, não aceite *minha* palavra sobre algo; em vez disso, chegue às próprias conclusões a partir de sua própria pesquisa.

O continente perdido da Lemúria (ou Mu) localizou-se um dia no oceano Pacífico.

6
LEMÚRIA

A Lemúria, um continente que existiu no oceano Pacífico por volta da mesma época que Atlântida, parece que foi esquecida, embora fosse o oposto espiritual de Atlântida. Os lemurianos acreditavam que o materialismo não era um fim em si mesmo; em vez disso, colocavam mais ênfase na cura, na arte, na música e na espiritualidade.

Os cidadãos da Lemúria, ou Mu, como é conhecida em alguns círculos, estavam envolvidos com a clarividência e a telepatia, aceitas como normas em vez de exceção. Mu, provavelmente, era tão próxima de Shangri-La como qualquer continente que possamos conhecer neste mundo. Muitos acreditam (e Francine concorda) que é *de lá* que provém o sânscrito. (Os essênios e o movimento gnóstico inteiro também datam dessa época.)

Enquanto se diz que os atlantes eram muito altos, louros e de aparência nórdica, os lemurianos eram mais baixos e mais morenos. Ambos pareciam ter beleza sem igual e, de acordo com Francine, tinham o DNA próximo do perfeito. Contudo, a Lemúria não era tão densamente povoada como Atlântida, e o povo vestia-se de forma muito parecida – quase como Jesus,

Segredos e mistérios da humanidade

em mantos marrons ou cinzentos e sandálias. Viviam com muita simplicidade; o bem-estar da família e dos amigos e a melhoria em geral era o objetivo dos lemurianos. Como os druidas, os lemurianos estavam interessados no movimento das estrelas e nos equinócios. Francine afirma que eram soberbos em plantar e produzir frutas e verduras do tamanho da cabeça de uma pessoa.

As casas dos lemurianos tinham o formato de pirâmides, assim como os domicílios atlantes. (Você deve ter observado que as pirâmides aparecem bastante neste livro – afinal, olhe para as tendas dos índios americanos: não têm forma de pirâmide? Esse formato parece ser eficiente, já que consegue isolar o interior do calor e do frio.)

No entanto, o povo de Mu não era tão aficionado por tecnologia como os atlantes; em vez disso, eram mais inclinados a utilizar as ervas, as curas naturalistas e holísticas e a imposição das mãos. O mais próximo que tinham de um líder era alguém como o Dalai Lama, ou uma pessoa xamanista mais elevada espiritualmente. Como os índios americanos ou a cultura massai, na África, havia sempre um indivíduo sábio, homem ou mulher, a quem o povo procurava em busca de aconselhamento.

Jamais deixei de me impressionar com o fato de que a pureza da alma origina-se de uma mente única num grupo e, no entanto, sempre leva alguém a se arriscar para se tornar um falso salvador. Admiravelmente, isso não aconteceu na Lemúria. Ao conhecer o que é o mundo hoje em dia, provavelmente fosse essa a primeira e última vez que isso pudesse existir.

Em minha igreja, a Sociedade dos Novos Espíritos, deixamos que todos encontrem seu próprio centro-Deus, e felizmente caminhamos juntos procurando nossa verdade, ouvindo as palavras de Jesus, "procura e encontrarás". A verdade, e não o dogma, unirá as pessoas numa busca comum para glorificar a Deus. Talvez fosse essa a maneira de ser de Mu, como afirma Francine.

Os lemurianos tinham suas cerimônias religiosas, e também apreciavam os importantes dias de festivais que celebravam cada equinócio, quando dançavam, cantavam e até mesmo bebiam uma cerveja leve, elaborada a partir da farinha do milho. O casamento era monogâmico; as famílias eram as unidades primordiais; cultivar a terra, tecer, construir e cozinhar eram as ocupações principais. Embora houvesse uma porção de comunidades agregadas, com todos se esforçando diligentemente para cuidar dos campos e tomar conta dos filhos uns dos outros, não constituíam nada parecido com uma comuna. Em vez disso, as famílias viviam perto umas das outras por necessidade e sobrevivência. Uma vez que a paz e a harmonia reinavam, não havia muita criminalidade em Mu.

Muitos animais agora extintos também viviam naquele continente. Um felino, maior que nosso gato doméstico e de aparência mais marcante, era o animal de estimação predileto, assim como um tipo de cão que se parecia com um chacal, porém muito maior e dócil. Os elefantes (de certa forma muito menores que a variedade atual) eram utilizados no trabalho, e havia também um tipo de criatura bovina de grande tamanho que produzia leite.

Ora, não creio em comunismo porque acredito que destrua a iniciativa, mas ele *pode* ser bem-sucedido se todos compartilharem o interesse de promover sua própria espiritualidade. Se não existir nenhum ditador fanático que deseje ficar com todo o dinheiro para si, pode funcionar. A Lemúria era organizada sob uma forma de comunismo na qual todos eram iguais, mas a civilização não se tornou corrupta ou indisciplinada – talvez porque se rachou e afundou rapidamente numa inclinação polar! Eu gostaria de acreditar que continuaria pura e não se tornado cínica, e muitas vezes imagino que, se os forasteiros tivessem permissão para entrar (e não tinham), isso poderia

Segredos e mistérios da humanidade

ter mudado a concepção dos lemurianos ou os tornado mais materialistas. Evidentemente, eles sentiam isso também, já que poucas pessoas tinham permissão para se estabelecer no continente e só podiam ficar se concordassem com o programa, por assim dizer.

The Urantia Book, publicado pela Fundação Urantia, apresenta mais informações sobre a Lemúria, mas, como muitos materiais escritos sobre o assunto, pareceu-me bastante vago. Francine afirma que a maioria dos relatos sobre Mu está em sânscrito, e muitos textos são bastante específicos. A cultura lemuriana durou cerca de 10 mil ou 12 mil anos, tempo em que o mundo exterior não manteve muito contato com ela. Seus escritos, a espiritualidade, a arte e a música progrediram, mas seu materialismo, não.

Os lemurianos concentraram-se neles mesmos, o que provavelmente contribuiu para a preservação de sua cultura comercial estática, sua total interdependência e a falta de perversão e influência do mundo exterior. Recebiam ocasionalmente a visita de atlantes, mas, em geral, eram deixados em paz.

Estou certa de que os lemurianos também tinham origem genealógica em seres do espaço exterior porque, tal como acontece com Atlântida, alguns textos em sânscrito falam de máquinas voadoras. Se essas criaturas existiram mesmo, isso explicaria as aeronaves e outras invenções que se insinuam para dentro de consciências modernas, cortesia de uns poucos seletos que tiveram o privilégio de ver esses textos. O problema é que as pessoas que os interpretam parecem se tornar tão hipnotizadas pelas informações que não querem abandoná-las.

Outra razão para as informações limitadas sobre a Lemúria é que o sânscrito é um idioma muito difícil de aprender e traduzir, e muitos dizem que os monges do Tibete atualmente não permitem que todos os textos que guardam sejam exibidos ao público em geral. Isso faz sentido, especialmente quando a informação pode ser muito controvertida; eles contam com o respaldo do governo chinês. Acredite em mim: quando chegar a hora, a informação estará disponível, mas não com o mundo em tamanha turbulência como está hoje em dia.

Francine afirma que a cada 12 mil a 15 mil anos a inclinação polar faz continentes subirem e descerem, e que, portanto, a Lemúria e a Atlântida se erguerão novamente por volta dos anos 2020 a 2030.

parte II
CRIATURAS ESTRANHAS

7
Tulpas

Você pode se perguntar por que eu coloquei várias criaturas lendárias juntas em um capítulo, mas, conforme prosseguirmos, eu lhe mostrarei como elas se entrosam sob o mesmo título de ideias que se tornam coisas, ou o que chamamos de *tulpas*.

Quando a escritora e exploradora Alexandra David-Neel viajou pelo Tibete, uma das muitas técnicas místicas, porém bastante conhecidas, que ela estudou foi a da criação de uma tulpa. No *Dicionário do corpo, da mente e do espírito* (Ed. Mandarim, 1997), Eileen Campbell e J. H. Brennan escrevem:

> Uma tulpa, de acordo com as doutrinas tibetanas tradicionais, é uma entidade criada por um ato de imaginação, bastante semelhante às personagens ficcionais de um romancista, exceto que as tulpas não são escritas. (Alexandra) David-Neel ficou tão interessada no conceito que resolveu tentar criar uma.
>
> O método envolvido era essencialmente concentração e visualização intensas. A tulpa de David-Neel começou sua existência como um pequenino monge gorducho e bonzinho,

Segredos e mistérios da humanidade

semelhante ao Frei Tuck [companheiro de Robin Hood]. Ele era a princípio inteiramente subjetivo, mas, gradualmente, com a prática, David-Neel foi capaz de visualizar a tulpa lá fora, como um fantasma imaginário voando pelo mundo real.

Com o tempo, a visão aumentou em clareza e substância até que era indistinguível de uma realidade física – um tipo de alucinação autoinduzida. Porém, chegou o dia em que a alucinação escapou de seu controle consciente. Ela descobriu que o monge aparecia de tempos em tempos quando ela não desejava. Além disso, sua amistosa figurinha voava e assumia um aspecto distintamente sinistro.

Por fim, seus companheiros, que estavam alheios às disciplinas mentais que ela praticava, começaram a perguntar sobre o "estranho" que surgira em seu acampamento – uma clara indicação de que uma criatura que nada mais era que imaginação solidificada assumira uma realidade definitivamente objetiva.

Nesse ponto, David-Neel resolveu que as coisas tinham ido longe demais e aplicou diferentes técnicas lamaístas para reabsorver a criatura para dentro de sua própria mente. A tulpa comprovou-se muito pouco disposta a enfrentar a destruição dessa maneira, de modo que o processo demorou várias semanas e deixou sua criadora exausta.

Depois de ler esse relato, fiquei tão fascinada que comecei a explorar o assunto mais a fundo. *Como?*, pensei. Eu já sabia que pensamentos são coisas, mas isso dava um novo significado – e mesmo um aspecto assustador – à afirmação.

Em minha pesquisa, deparei-me por acaso, alguns anos atrás, com um grupo de seis pessoas na Inglaterra que também foram capazes de criar uma tulpa. Toda noite Marian Hallaley reunia seus amigos para tentar entrar em contato com os mortos. Essas pessoas não eram ignorantes ou frívolas – entre elas havia um jornalista, um cientista, um dentista, um médico e um empresário. Depois de numerosas tentativas de se conectar com os falecidos, ainda não haviam obtido nenhum sucesso. Até mesmo médiuns foram chamados; contudo, ninguém conseguiu estabelecer contato com alguém do Outro Lado.

Uma noite, Marian teve uma ideia. O grupo poderia fabricar seu próprio espírito! Assim, noite após noite, essa reunião dedicou dolorosos esforços para trazer uma entidade à vida. Deram-lhe uma data de nascimento, uma cidade natal (Liverpool) e um nome (Edward Howard). A altura foi anotada, assim como o peso exato, a cor dos cabelos e do bigode. Deram-lhe uma esposa e dois filhos, e uma ocupação como banqueiro; até mesmo resolveram que usava um chapéu da marca Bowler e um terno de *tweed*, fumava cachimbo e carregava uma bengala. O grupo começou a criar uma infância para Edward e a imaginar seus pensamentos. Como um dos seis participantes comentou, "Sabemos mais sobre Edward que sobre cada um de nós".

Uma noite, depois de quase um ano e meio de construção do intuito completo da vida de Edward, a mesa de reunião começou a se mover tão violentamente que eles se afastaram depressa. Por certo era Edward Howard em toda a sua glória! O grupo, com sua incrível concentração, criara uma tulpa. Essa história foi bem documentada – eu mesma conversei com Minnie Bridges, que era aluna do colégio espiritualista que *Sir* Arthur Conan Doyle frequentou, e ela confirmou que vira Edward; na verdade, muitos dos médiuns da região foram chamados para ajudar a se livrar dele.

Ora, não pretendo lhe passar nenhum receio de criar uma tulpa, e devo mencionar que esse processo só parece funcionar para aqueles que têm muito tempo disponível; além disso, a atmosfera e as condições precisam estar corretas. O Tibete seria o lugar ideal, por causa de seu misticismo e das práticas meditativas, assim

Segredos e mistérios da humanidade

como a Inglaterra, pois o *fog* ajuda a conduzir a energia elétrica (nesse caso, energia mental). Portanto, mais uma vez, a ideia de que os pensamentos são coisas assume um novo significado!

O Monstro do Lago Ness

A primeira tulpa que exploraremos é o monstro do Lago Ness, ou "Nessie", como é chamado na Irlanda e na Escócia. Quando fui às Ilhas Britânicas, ouvi uma velha narrativa que relatava a história de Santo Columba, fundador do primeiro mosteiro na Escócia. Em meados do século XVIII, Santo Columba avistou supostamente o monstro, e, a partir desse relato, a notícia começou a se espalhar. Artigos foram escritos até que surgiu a famosa imagem que parece um dinossauro pré-histórico com o pescoço projetando-se para fora d'água (já foi comprovado ser uma fraude).

É estranho que Nessie não fosse realmente notícia até os anos 1930 do século XX; contudo, a lenda diz que ela sempre morou no lago. Rupert T. Gould foi incisivo em apresentar o monstro ao mundo com *The case for the sea serpent* (Ed. Philip Allan, Londres, 1930), no qual anotou 51 relatos de visões de Nessie; o trabalho de Constance Whyte, *More than a legend* (Ed. Hamish Hamilton, Londres, 1957), também ajudou a reviver o monstro nos anos 1950.

Na verdade, um livro inteiro poderia ser dedicado a fotos, filmes e vídeos de Nessie. Entretanto, até então, todas as "evidências" revelaram-se fraudulentas ou inconclusivas. Cientistas e peritos ainda precisam apresentar alguma prova de que o monstro existe, embora o Lago Ness tenha sido pesquisado com sondas, sonares, radares e dragado durante anos, e câmeras tenham ficado lá dia e noite.

A maior e provavelmente mais famosa e abrangente busca de todas foi a "Operação Deepscan", de 1987. Cientistas varreram o lago com 24 barcos, cada um dos quais equipado com um dispositivo de sonar com *scanner*, e trabalharam em conjunto para cobrir toda a área submersa do Lago Ness. Embora tenham encontrado realmente alguns "contatos", nada de concreto surgiu da investigação. Em julho de 2003, a BBC informou que uma equipe de pesquisadores comprovou de uma vez por todas que não havia nenhum monstro no lago. Usando 600 feixes separados de sonar e equipamento de navegação por satélite, esquadrinharam o volume de água por inteiro e não encontraram nada.

Apesar de nada palpável ter sido encontrado, as visões continuam. É interessante o fato de que, quando uma guerra ou outro acontecimento mundial de importância acontece, parece não haver nenhum sinal de Nessie. Mas deixe que venha uma semana de poucas notícias e, de repente, lá está ele! A famosa fotografia que mencionei anteriormente foi tirada supostamente durante uma dessas fases, e o fotógrafo já confessou que foi uma fraude em que utilizou um modelo em escala menor.

Entretanto, não importa quão frequentemente a ciência desmascare Nessie, continuam aparecendo os que acreditam e mais visões ocorrem. Qual é a explicação? Bem, *existe*, claramente, um monstro – possivelmente até mesmo um com corpo e cabeça em formato de dinossauro –, mas eu creio de todo o coração que Nessie seja uma tulpa criada por uma crença, muitos livros e supostas visões. Ele é real em certo sentido, porque milhares de formas-pensamento ajudaram a criá-lo.

SASQUATCH

Agora, vamos para o Sasquatch – ou o Abominável Homem das Neves, Pé Grande ou Ieti –, uma criatura enorme, peluda, meio homem meio animal. É interessante observar que em várias partes do mundo ele é chamado de coisas di-

Segredos e mistérios da humanidade

ferentes, mas sempre parece se encaixar na mesma descrição. Supostamente, o Sasquatch foi visto várias vezes – existem até mesmo fotos famosas, por mais tremidas que possam ser, que capturaram essa figura semelhante a um homem-macaco.

Muitos dos que alegam ter visto o Sasquatch o descrevem como tendo de 1,83 m a 3 m de altura, pesando entre 230 kg e 360 kg. Não sei quanto a você, mas uma diferença de 1,20 m e 130 kg não é exatamente específica – independentemente disso, não podemos descartar que houve muitas visões, tal como com Nessie. A diferença é que o Sasquatch parece ter cruzado muitos continentes, enquanto Nessie parece ter se firmado principalmente no Lago Ness, na Escócia. Porém, como Nessie, a popularidade do Pé Grande oscila. Num intervalo de poucos anos, ficamos muito empolgados com essas visões e, depois, por alguma razão, elas declinam para a obscuridade.

Em 1998, por exemplo, o montanhista americano Craig Calonica relatou que, enquanto descia de um acampamento a grande altitude no monte Everest, avistou duas estranhas criaturas que tinham pelo negro espesso e brilhante. Elas caminhavam sobre duas pernas, como humanos, mas seus braços eram mais compridos que os nossos e sua cabeça, muito grande. Craig jura que não se tratava de nenhum animal que já vira antes, e já havia visto muitos – ele acredita ter visto dois *Ietis*. Craig estava acompanhado de seu cozinheiro nepalês, que também viu as criaturas.

Pesquisadores ainda fazem trabalho de campo. Mais recentemente, em outubro de 2000, um grupo ficou convencido de que o Sasquatch realmente está vivo – 14 membros seguiram a pista do esquivo animal durante uma semana, e supostamente encontraram a impressão de um corpo coberto de pelos, deitado de lado, esticando o braço para apanhar alguma fruta. (Não quero parecer anticientífica ou estúpida, mas como sabiam que ele esticava o braço para pegar uma fruta, mesmo com uma impressão térmica que confirma que a marca do corpo tinha apenas algumas horas?)

Existem certamente indivíduos que não acreditam na existência do Sasquatch, mas existem também muitos céticos que se transformaram em crentes. Jimmy Chilcutt, muito considerado pelos agentes do FBI e por forças policiais de sua região por sua competência na análise de impressões digitais, propôs-se a comprovar de uma vez por todas que não existia nenhum Sasquatch, mas se deparou com alguns moldes de pegadas que balançaram seu ceticismo.

Chilcutt comparou pegadas e impressões digitais de primatas com os moldes de supostas impressões do Pé Grande, e encontrou tantas diferenças significativas que não pôde descartar a existência dessa criatura. No entanto, também não chegou a um achado conclusivo. Segundo as palavras dele:

– Nunca saberemos com certeza até que um exemplar seja capturado.

Alguns dos relatos de testemunhas, que continuam a repetir por toda parte o grande número de visões, têm a ver com comportamento bizarro do Sasquatch, que vai de uma atitude relativamente benigna (como atirar pequenas pedras) às mais agressivas (sacudir veículos, bater ou se enfiar em moradias, arremessar grandes pedras e perseguir pessoas). Berros altos e ressonantes e odores impressionantes, de fazer marejar os olhos, também são relatados por observadores, de acordo com o livro *North America's Great Ape: the Sasquatch,* de John A. Bindernagel (Beachcomber Books, B.C., Canadá, 1998).

Todos os depreciadores e céticos parecem concordar que o Sasquatch é alguma forma de urso. Também gostam de apontar que o comportamento anteriormente mencionado pode ser atribuído a chimpanzés, gorilas e orangotangos, que, muitas vezes, agem da mesma maneira. As histórias não param, inclusive algumas evidentes trapaças (por que alguém haveria de querer perpetuar uma fraude, afinal?).

Existem mais escritos sobre essa criatura do que sobre Nessie, mas acredito que é razoável. Como os gnomos e fadas, cada cultura parece abraçar um animal grande e peludo que ninguém foi capaz de comprovar (ou, eu poderia acrescentar, refutar) que exista. A Flórida, com seu macaco-gambá (chamado assim por causa do cheiro); a Austrália, onde é chamado de *yoser*, o *mapinguari*, que é o chupa-cabras do Brasil – todos os lugares parecem ter suas próprias lendas e histórias de um animal como o Sasquatch.

O Leviatã

De acordo com o dicionário, um leviatã é uma enorme criatura marinha de origem desconhecida supostamente vista por antigos marinheiros. As pessoas presumem que poderia ser apenas uma baleia ou um grande tubarão, mas isso não importa muito quando nos damos conta de que os marujos antigos passavam a vida no mar e, portanto, certamente sabiam a diferença entre uma baleia ou um tubarão e um leviatã.

Admitamos: marujos náufragos muitas vezes ficavam bastante desesperados a ponto de beber água do mar, o que podia desidratá-los, provocar alucinações e até mesmo a morte. (Embora isso não explique as centenas de homens sãos e capazes que voltavam do mar com histórias de um monstro gigante e misterioso.)

O manati pode se encaixar nas histórias de delírio, pois os cientistas averiguaram que era esse animal que os marinheiros pensavam ser sereias. Ora, não sei quanto a você, mas, a meu ver, um manati está tão distante de uma linda mulher torneada com uma cauda como uma vaca está para uma árvore. Tendo dito isso, posso também imaginar como os marinheiros no oceano durante anos ou meses sem companhia feminina faziam qualquer coisa parecer com o que quisessem.

Cronistas dos antigos vikings também contam histórias de criaturas marinhas gigantes. Ora, tenho certeza de que muitas dessas narrativas são verdadeiras, mas também estou convencida de que existem lulas monstruosas envolvidas. Recentemente, uma criatura assim foi lançada à praia na Austrália, tal como acontece em outros continentes. Cientistas encontraram espécimes de até 18 m de comprimento – e muitos de nós nos recordamos de ter visto pinturas antigas de marinheiros lutando com enormes monstros com tentáculos.

Tenho a impressão de que não vemos essas lulas porque elas ficam nas partes mais profundas dos oceanos, o único lugar que pode proporcionar alimento suficiente para sustentar seu peso e circunferência. Diferentemente de muitas grandes baleias, que consomem plâncton e krill como dieta principal, as lulas vivem de peixe e animais marinhos – e tenho certeza de que, se tiverem fome, atacarão qualquer coisa ou pessoa para conseguir comida.

Como você pode ver, a mente é uma coisa poderosa, e tem a capacidade de imprimir ao pensamento uma força vital própria. Eis como lendas, histórias e crenças muito fortes criam tulpas.

8
O Mundo das Fadas

Francine afirma que existe um subfilo de criaturas que ajuda o máximo possível a Mãe Natureza a manter o mundo em equilíbrio. Bem, aceito muita coisa, mas, acredite, *nunca* engoli essa história de fadas.

Acredito que todo mundo tem direito a suas próprias crenças – e estou ciente de que quase todo país, exceto os Estados Unidos, parece acreditar em elfos, gnomos, pessoas pequeninas, duendes ou fadas. (Parece estranho que tantas culturas compartilhem histórias de criaturas assim. Por que todas elas existiriam em várias culturas quase como o mesmo tipo de criaturas?) Assim, sempre afirmei: "Cada um na sua". Certamente meu ceticismo foi ajudado pelo fato de eu nunca ter proclamado "desta água não beberei". Acho que é como disse Jesus: "Abençoados aqueles que não viram e mesmo assim acreditaram".

Então, em 1977, fui à Irlanda. Passeava numa carruagem de excursão, puxada a cavalos, num belo parque perto de um dos

Segredos e mistérios da humanidade

lagos de Killarney quando captei alguma coisa com o canto do olho. Vejam só, era uma fada – com asas e tudo! – numa moita de espirradeira. Era lindamente formada, tinha cabelos dourados e usava um maravilhoso vestido azul diáfano. Pisquei e olhei novamente. Ela não prestou nenhuma atenção em mim; em vez disso, ia gentilmente de folha em folha e de flor em flor. Gritei para o cocheiro:

– Acabei de ver uma fada!

Ele olhou para trás, para mim, como se eu fosse uma estúpida.

– Claro – retrucou –, elas estão por toda parte.

Meu segundo marido, que estava comigo na ocasião, era de ascendência irlandesa e costumava me provocar a respeito de minha falta de crença em criaturas pequenas, fadas e coisas assim; eu sempre lhe dizia que ele era bobo. Ergui os olhos e vi aquele sorriso de "eu lhe disse" em sua face... e acertei-o no mesmo instante com um tapa.

Tenho certeza de que todo mundo se lembra de ter lido sobre o que aconteceu, anos atrás, quando tentaram construir uma pista de decolagem de um lado a outro dos círculos das fadas no Aeroporto de Shannon, na Irlanda. Tudo correu tão mal durante meses – o maquinário quebrava ou não funcionava, as pessoas ficaram doentes ou machucadas – que o projeto foi abandonado e seguiu para um lugar diferente, longe dos círculos... e tudo progrediu muito tranquilamente. Se abordar esse assunto com as pessoas que moram perto do aeroporto, elas simplesmente admitirão que não se deve mexer em círculos de fadas.

Em épocas antigas, as fadas pareciam ser mais malvadas, mas, à medida que o tempo passou, elas se metamorfosearam em pessoas gentis, misteriosas e cautelosas. Não havia nada de ruim naquele espírito que vi; na verdade, se ele fosse maior, eu pensaria que era um anjo, graças ao halo branco dourado ao seu redor. Francine afirmou mais tarde que eu vira, na verdade, a pobre e caluniada Lilith em pessoa (de quem falarei um pouquinho a respeito). Sei o que vi; mesmo agora, eu faria um teste no detector de mentiras, porque não saio por aí simplesmente vendo coisas (a menos que me peçam para entrar em sintonia com um espírito ou aconteça de me encontrar com um).

Portanto, sinta-se à vontade para aceitar ou rejeitar o que vi. Pessoalmente, sempre gostei muito daquele belo visual, o que comprovou ser verdadeiro o velho ditado: há mais coisas entre o céu e a terra do que sonha nossa vã filosofia.

9
Demônios

Gostaria de aproveitar a oportunidade para esclarecer o mistério do motivo de ouvirmos falar sobre certa subcultura – seja em história, mito ou lenda urbana – chamada "demônios".

Em outros livros, falei sobre os sete níveis diferentes do Outro Lado, cada um dos quais com seu nível ocupacional específico, por assim dizer. Bem, também temos sete níveis em nosso plano terrestre: o primeiro é o nível em que existimos na vida; o segundo é o nível das fadas; o terceiro contém gnomos e elfos; o quarto tem criaturas mitológicas como unicórnios, cavalos voadores (como Pégaso), o touro branco sagrado ou os ciclopes; o quinto, o sexto e o sétimo são os níveis inferiores, que dizem conter criaturas horríveis.

Não só os níveis inferiores existem, mas tantas pessoas se preocupam com essas criaturas que elas se tornaram tulpas, como o Pé Grande, Nessie e o Sasquatch. Por exemplo:

• Os antigos gregos acreditavam em três tipos de semideuses vampiros: a Lâmia, o Mormo e a Empusa. A Lâmia e o Mormo supostamente bebiam sangue de bebês (a Lâmia também atacava mulheres grávidas), enquanto a Empusa seduzia sexualmente rapazes e depois os matava, bebendo seu sangue e comendo seus órgãos internos.

- Na Índia, acredita-se que Pacu Pati (nome que significa literalmente "mestre da horda") seja o governador de todos os espíritos vampiros, bruxas e fantasmas; certas tradições hindus também o consideram o deus da morte, como Yama na literatura clássica hindu. Alguns dos ignorantes na Índia ainda consideram Pacu Pati uma força todo-poderosa, pois supostamente pode apossar-se do cadáver dos mortos e animá-los como seu próprio corpo – o que sugere vampiros e zumbis "mortos-vivos".

- A palavra *nightmare* (pesadelo) vem de *night* (noite) e da antiga palavra anglo-saxônica *mare* (égua), que era considerada um espírito demoníaco, a égua da noite, que atacava as pessoas durante o sono. Na Inglaterra, as pessoas acreditavam que esse espírito sentava-se sobre o peito das pessoas e lhes trazia a tuberculose (era um modo de explicar a doença na Idade Média).

O assunto dos demônios sempre foi muito controvertido e circula desde que a história é registrada. Parece que tudo que os humanos não conseguem explicar – de erupções vulcânicas, enfermidades, pragas, fome ou atos da natureza – era tido como causado pelos "maus espíritos". Aparentemente, a única maneira de a humanidade explicar o infortúnio que descia sobre nós era uma entidade má ou um Deus zangado que precisava ser apaziguado por oferendas ou sacrifício.

Considerando o sofrimento que nós, humanos, enfrentamos em nossa história, é compreensível que tenhamos in-

Segredos e mistérios da humanidade

ventado nossa própria mitologia para explicar as injustiças da vida. Claro que acredito que exista o mal no mundo, mas não creio que isso esteja relacionado a nada que discutiremos neste capítulo. Entretanto, os seres humanos parecem quase *necessitar* lançar a culpa dos desatinos do mundo sobre uma malévola força invisível em vez de assumir a responsabilidade por suas próprias vidas.

Aqui estão explicações para alguns demônios comumente conhecidos.

LILITH

Acreditava-se que Lilith, de quem ouvimos falar no Talmude e na Bíblia, desencaminhava as mulheres ou as tornava estéreis, e fazia os homens impotentes. (Observe que, mesmo quando é negativo, o sexo feminino é o doador e o tomador da vida.) Seu pai era o deus do céu Anu, o principal movedor e criador do universo.

O *Alphabet of Ben Sirah* afirma que Lilith foi a primeira esposa de Adão, feita do pó, como ele. Exigiu igualdade com Adão, o que foi recusado por ele, então ela se uniu supostamente a demônios e deu à luz filhos demoníacos. (Não sei quanto a você, mas isso parece outro modo de tornar as mulheres inferiores aos homens.) Diz a lenda que, se a pessoa utiliza um amuleto protetor, Lilith não lhe fará mal.

Como resultado dessa crença e do medo da morte ou da destruição, nasceu o amuleto – qualquer coisa que se supõe que traga boa sorte e proteção a quem o usa. Ainda utilizamos amuletos nos dias de hoje quando ostentamos nossos crucifixos, cristais, rosários, terços etc. Não creio que os amuletos tenham poder em si; sua potência provém da energia que lhe damos e daquilo que simbolizam através dos tempos. Eu, por exemplo, utilizo uma cruz dos templários (que é igual de todos os lados), porque é a mais antiga cruz gnóstica que existe, e eu mesma lhe dei energia.

Arqueólogos desenterram inúmeros amuletos no decorrer dos anos; o Museu Britânico, em Londres, até mesmo exibe algumas dessas mulheres supostamente protegidas contra a infame Lilith. (Francine afirma que Lilith não era má; ela reina sobre as fadas e o filo inferior da terra.)

BANSHEES E SEREIAS

O folclore celta fala de muitos espíritos femininos – bons *e* maus. Um dos mais famosos, na Irlanda e em certas regiões da Escócia, é a *banshee* (ou *beansidhe)*. Dizem que, quando alguém está perto da morte, o grito estridente da *banshee* pode ser ouvido. Estive por todas as Ilhas Britânicas e conversei com algumas pessoas muito inteligentes e educadas que ouviram esses lamentos e mais tarde descobriram que um ser amado morrera. Isso aconteceu tantas vezes que perguntei a Francine sobre o assunto. Achei sua explicação um pouco difícil de engolir a princípio, mas faz mais sentido que uma porção de outras coisas.

Ela me contou que, quando alguém está para morrer, sua psique ou alma fica sabendo que sua passagem é iminente. A alma deixa escapar um grito psíquico mesmo antes que a pessoa faleça, e, por causa do ar denso e úmido das Ilhas Britânicas, com frequência o grito "silencioso" é ouvido – o que tem sido atribuído à *banshee*. (Acredito que posso incluir aqui as antigas sereias e ondinas do folclore, que supostamente atraem os marinheiros para a morte em rochedos ocultos ou águas rasas com seus gritos estridentes ou cantigas. Não poderia isso ser um aviso do próprio subconsciente dos marinheiros de que pedras ou uma passagem estreita jaziam adiante?)

Segredos e mistérios da humanidade

Os íncubos e súcubos

Os *íncubos* e *súcubos* são demônios masculinos e femininos, respectivamente, que seduzem pessoas do sexo oposto, normalmente durante a noite ou enquanto dormem. Na verdade, esses mitos começaram nos "tempos da fogueira", quando era comum as mulheres morrerem queimadas, amarradas em estacas.

Os crentes julgam que o *súcubo* aparece a um homem como uma bela mulher que o seduz; depois que se consuma o ato sexual, ela se transforma numa megera horrenda. O *íncubo*, por sua vez, se disfarça de belo homem que espreita uma mulher solitária – depois do intercurso ele se transforma num tipo de "demônio" ou *warlock* (bruxo). Dizem que os atos de íncubos e súcubos fazem seus sofredores ficarem loucos.

Inventar *íncubos* e *súcubos* explicava convenientemente a gravidez indesejada, as crianças nascidas fora do matrimônio, as deformidades congênitas etc. A crença neles também permitiu aos inquisidores buscar quaisquer verrugas ou marcas de nascença que mostrassem que a pessoa fora seduzida por esses demônios semelhantes a bruxas. É quase como se as pessoas fossem pegas num frenesi maciço que comprovasse um ataque de sugestão; quando o pandemônio começou, deu à Igreja toda a razão para queimar essas almas indefesas. É trágico que tanta histeria acontecesse durante aquele tempo todo.

Gárgulas

Muitas das gárgulas que você vê do lado de fora das igrejas parecem ser cópias de semideuses. Gárgulas são criaturas míticas (também chamadas de "grotescas") que eram esculpidas pelos pedreiros como calhas para drenar a água dos telhados das construções. A palavra *gárgula* vem do francês *gargouille*,

que significa "garganta" (também temos as palavras *gargolejar* e *gorgolejar* dessa raiz).

As gárgulas eram uma característica arquitetônica dos edifícios romanos antigos, como aqueles encontrados em Pompeia, e eram utilizadas para prevenir o mal. Pela aparência que tinham, é quase como se pusessem o mal do lado de fora para impedir que entrasse. Pessoalmente, sempre achei que parecia extravagante ter essas supostas figuras mitológicas do lado de fora de uma casa de veneração.

Não creio que seja realmente necessário nos preocuparmos com mitos que passaram para a próxima geração de um mundo que não teve a ciência ou o conhecimento para explicar por que as coisas na verdade aconteciam. Em ou-

Segredos e mistérios da humanidade

tras palavras, por que nos preocuparmos com um bando de demônios que não tem nada melhor para fazer do que nos irritar e assustar as pessoas? Mais uma vez, repito, temos a tendência a colocar uma conotação negativa naquilo que não conseguirmos explicar... como se não tivéssemos o suficiente com que nos preocupar verdadeiramente, como a AIDS, as guerras, as mortes e os sequestros.

A medicina transforma, os mitos mudam; afinal, durante séculos, as pessoas que sofriam de epilepsia eram encaradas estupidamente como vítimas de possessão. Antigamente, quando não se sabia sobre os genes e mesmo os germes, tudo era culpa dos "maus humores" que entravam no corpo. As pessoas sofriam sangrias para eliminar os maus humores – algumas delas, como George Washington, sangravam até a morte nesse tipo de esforço. Parece que os humanos de então não conseguiam escapar da sina de serem amaldiçoados ou possuídos por demônios. (Você acredita que mesmo nos dias de hoje algumas pessoas me perguntam se foram amaldiçoadas? Simplesmente não querem assumir a responsabilidade pelo curso que escolheram para esta vida de modo a se aperfeiçoar perante Deus.)

Certamente os demônios não entram em nosso corpo, mas a energia negativa ou uma pessoa *pode* fazer com que nos sintamos drenados e doentes. Afirmo com frequência em minhas palestras que os germes não nos deixam doentes, mas as pessoas e situações sim – isto é, não conseguimos "digerir" a vida, por isso temos dores de estômago; ou nos sobrecarregamos demais e, portanto, temos dores nas costas, e assim por diante. Nosso corpo fala conosco, literalmente: continue dizendo que alguém partiu seu coração e você acabará com problemas cardíacas; se alguém faz seu "sangue ferver", você terá pressão alta. Não quero torná-lo exageradamente autoconsciente, mas pare de utilizar frases negativas, porque o seu corpo responde a elas.

Para mostrar a você como sou inteligente (tenha em mente que nunca aleguei ser médium em proveito próprio), eu não percebi até muito mais tarde que meu último marido me estrangulava com sua pressão. Depois do divórcio, meu médico encontrou um tumor em minha garganta (benigno, graças a Deus) que lesionava minhas cordas vocais. Já que não fumo e sempre tive voz rouca, como todas as mulheres de minha família, eu não estava preocupada com minha garganta, mas o médico encontrou o tumor durante um exame de rotina. (Sei que Deus, Francine e meus anjos o guiaram para encontrá-lo.) Mais tarde, casualmente perguntei a ele qual fora o resultado. Ele disse:

– Estrangularia você lentamente.

Ora, você poderia chamar entidades negras como meu ex-marido de "demônios", mas são meramente almas que se separaram de Deus por vaidade. Podem nos deixar malucas com sua personalidade indiferente e sociopata, mas estão aqui para nos fazer aprender.

Eu realmente acredito que nunca saberemos por completo, mas a beleza da vida aqui e do Outro Lado é manter a busca por Deus e pelos mistérios do mundo. Como Francine diz, "se você conseguir pensar na pergunta, a resposta se tornará disponível a você".

Portanto, leia e explore, e você encontrará esclarecimento e respostas para todas as suas perguntas.

Caça a uma bruxa.

10
Bruxas e Lobisomens

Muitos historiadores teorizam que as histórias sobre seres semelhantes a vampiros, demônios, bruxas e fadas começaram nas antigas mitologias babilônicas, sumérias e assírias – conforme afirmei em *Mother God* (Ed. Hay House, 2004), essa é a origem de grande parte de nossa Bíblia. Contudo, como em nome de Deus – literalmente – chegamos tão longe da verdade, às vezes me escapa, até que me lembro de que cada um de nós traz suas próprias experiências e percepções para a chamada festa da vida.

Nos próximos dois capítulos, continuo explorando as inúmeras metáforas que a humanidade criou para tentar explicar um mundo que muitas vezes não faz absolutamente nenhum sentido.

Segredos e mistérios da humanidade

Bruxas

As bruxas são mal compreendidas e muitas vezes difamadas através dos séculos. Visualizamos uma velha megera sobre um caldeirão mexendo uma poção para trazer destruição a uma vítima infeliz, com seu "familiar" gato preto, que receberia ordens do demônio (ou a própria bruxa poderia assumir a forma de um gato para lançar má sorte sobre alguém cujo caminho ela cruzasse).

Isso tudo é lenda e superstição antiquada. Entretanto, boa parte da má fama das bruxas advém dos séculos durante os quais inúmeras pessoas foram mortas na Europa graças à Inquisição, e de Salem, Massachusetts, local de diversos julgamentos de bruxas. (Suponho que não ocorra à Igreja que, se ela se livrar de todas as mulheres, não restarão muitos membros.)

Ora, tenho certeza de que deve existir muita gente má no decorrer do tempo que tentasse lançar sortilégios de magia negra – o que é perigoso, pois tudo o que mandamos volta –, mas as verdadeiras *wiccas* seguem uma das mais antigas religiões que existem.

Não posso dizer com segurança que a ignorância *não é* cega, portanto, antes de fazer um julgamento, volte aos dogmas da religião que as bruxas professam. Embora a *wicca* moderna seja formada nos anos 1950 do século XX, tem raízes numa antiga religião panteísta que acredita que toda a natureza contém Deus, e é também muito apegada ao princípio feminino ou à Deusa.

As *wiccas* realmente recorrem a sortilégios, mas as verdadeiras praticantes usam-nos para fins positivos, como trazer chuva quando há seca, curar o gado ou os animais ou manipular ervas e remédios populares para trazer o bem-estar. As pessoas não se dão conta de que as afirmações são, na verdade, parte de um tipo de ritual *wicca* – essas bruxas brancas acreditam que o que repetimos vem para nós, e que somos programados para o bem.

Claro, em qualquer grupo existe aqueles que se destacam e fazem o restante parecer ruim. (Por exemplo, a médium da televisão, srta. Cleo, rebaixou todos nós, médiuns verdadeiros.) Uma *wicca* que abusa de seu poder é normalmente uma entidade negra que flagrantemente faz mau uso da energia da programação positiva.

Sou uma bruxa? Quero ser? Não, mas admiro verdadeiramente sua tenacidade em manter as crenças vivas. E, embora eu nunca tenha lançado um sortilégio ou sido uma *wicca*, leio e pesquiso bastante sua literatura para saber que a verdadeira *wicca* é guiada em direção à bondade, à harmonia e à proteção do planeta.

Sempre que penso em bruxas, lembro-me de vovó Ada contando sobre um homenzinho parecido com um gnomo que ela encontrou quando criança na Floresta Negra da Alemanha. Ela o conheceu nas áreas cobertas de vegetação da propriedade de sua família, e com ele aprendeu sobre remédios e ervas encontrados nas florestas.

Quando alguém que conhecia vovó Ada ficava doente, vinham procurá-la em busca de tratamento e cataplasmas. (Sempre tenho visões em que ela me leva para um bosque ou parque em Kansas City, e coloca plantas em seu avental. Lamento profundamente que não tenha me ensinado mais do que sabia.) Ora, era o conhecimento de seu amigo de infância, sua própria capacidade psíquica ou sua fé inquebrantável em Deus o responsável por seus dons curativos? Francamente, quem sabe e quem se importa? O fato é que funcionava.

Todavia, tenho certeza de que, se minha avó tivesse nascido numa época anterior, poderia ser queimada como bruxa.

Segredos e mistérios da humanidade

Felizmente ela estava protegida – que ironia – por jesuítas e padres. Tinha muitas cartas do bispo Sheen, que espero encontrar um dia. Afirmo isso sem nenhuma humildade: ela era uma santa dos dias modernos. Não havia ninguém a quem não quisesse ajudar, e algum dia publicarei as cartas que escreveu para mim, cujo valor é inestimável. Ela é um exemplo para minha vida, e o verdadeiro vento que enfuna minhas velas.

Lobisomens

O termo *licantropia*, utilizado para descrever o fenômeno do lobisomem, originou-se do mito grego segundo o qual Zeus visitou a corte do rei Licaonte disfarçado de viajante. O rei implacável quis descobrir se o viajante era um deus ou um homem, e então fez planos para matar o estranho. Zeus ficou indignado, destruiu o palácio do rei e condenou Licaonte a passar o resto de sua vida como um lobo. Daí surgiu o termo *licantropia* (*lykos* = lobo; *anthopos* = homem), descrevendo a transformação em lobo.

Dizem que a lenda moderna do lobisomem começou na Alemanha, em 1591, quando, depois de uma grande quantidade de ataques, os cidadãos encurralaram um lobo com alguns cães, e o lobo de repente assumiu a forma de um homem da localidade. O homem foi acusado da morte de várias pessoas da cidade, inclusive de seu próprio filho; sob tortura, ele confessou todos os crimes e foi executado. O incidente ganhou vulto e transformou-se em lenda, e as histórias de lobisomens logo se espalharam por toda a Europa. (Você deve se lembrar de que falamos de um tempo em que as pessoas eram muito ignorantes, e a Igreja Católica fazia seu próprio expurgo com a mortal Inquisição. O populacho em geral era supersticioso, e a "caça às bruxas" começava a entrar em voga – consequentemente, pessoas inocentes foram torturadas e confessaram crimes que não haviam cometido.)

Só depois de 1621, quando o clérigo e estudioso Robert Burton publicou *Anatomy of Melancholy*, as pessoas passaram a encarar os lobisomens de maneira diferente. O senhor Burton acreditava que a licantropia era uma forma de loucura, e culpava tudo: demônios, bruxas, alimentação pobre e até mesmo o ar insalubre. Isso fez a comunidade científica olhar para o fenômeno do lobisomem como uma doença mental, e não uma transformação física.

Quando comecei a escrever este capítulo, minha mente foi estimulada pelo que Francine contara a nosso grupo mais de 30 anos atrás. (Graças a Deus pude encontrar isso nos arquivos!) Ela disse que a maior parte do tempo as pessoas que pensavam ser lobisomens estavam num estado induzido por um tipo de alucinógeno encontrado no trigo, no láudano e na beladona (meimendro), remédios utilizados para tratar várias enfermidades. A combinação dessas drogas fez surgir o mito do lobisomem que se transformava com a lua cheia e precisava matar em busca de sangue.

No decurso de minha pesquisa para este livro, descobri que essas substâncias, em conjunto com o pão contaminado com o esporão do centeio (um tipo de fungo), podem provocar os mesmos efeitos alucinógenos do LSD. (Na França, em 1951, as pessoas que comeram desse pão contaminado tiveram visões horríveis, imaginando serem atacadas e transformadas em animais.) Aceito completamente essa explicação em vez de acreditar que Deus fez uma de Suas criações se transformar em algo horrendo como um lobisomem. Médicos também me disseram que, em algumas pessoas, um efeito do tipo lobisomem pode ser criado se não conseguirem água suficiente – em seu delírio, sabe-se que tais indivíduos saem atrás de qualquer líquido... até mesmo sangue humano.

Segredos e mistérios da humanidade

Também descobri que existe uma rara enfermidade genética chamada *porfiria* que resulta numa deficiência de heme, a porção que contém ferro da hemoglobina, e estimula o crescimento do pelo do corpo. Além de aumentar o crescimento dos pelos, a porfiria tem várias outras manifestações em comum com o mito do lobisomem. As pessoas que sofrem dessa doença não conseguem tolerar a luz; a carne sob suas unhas encolhe, deixando as mãos com a aparência de garras. A pele começa a se descolorir e há uma deterioração progressiva de nariz, orelhas, pálpebras e dedos, acompanhada da formação de chagas. Normalmente a pessoa afligida termina com problemas mentais, desde histeria leve a delírios, juntamente com tendências maníaco-depressivas.

Estou convencida de que o fenômeno do lobisomem originou-se de doenças como a porfiria, a ingestão de grãos infestados por fungos na alimentação e as ervas medicinais que eram utilizadas na época. A combinação dos efeitos alucinógenos da dieta e dos remédios e a compreensão errônea e equivocada (daquela época) das doenças mentais criaram indivíduos que pensavam ser lobisomens – e a Idade das Trevas contribuiu para suas fantasias com superstição e ignorância.

Costumamos amarrar os doentes e colocá-los no que chamamos "ninho de cobras" (manicômio conhecido pelo tratamento desumano a seus pacientes), dando-lhes tratamento de choque. Porém, atualmente, o único lobisomem que você provavelmente encontraria seria alguém vestindo um casaco de pele que tenha resolvido uivar para a lua cheia!

11
Vampiros e Chupa-Cabras

O personagem Drácula, de Bram Stoker, foi baseado numa pessoa real, o príncipe Vlad Tepes, que nasceu em 1431 no lugar onde agora fica a Romênia. *Tepes* significa "aquele que empala", e o bom príncipe era assim chamado por causa de sua inclinação por espetar seus inimigos na estaca – a maioria, turcos que lutavam pela expansão do Império Otomano. Corriam rumores de que ele comia a carne e bebia o sangue de seus inimigos, muitas vezes mandando armar uma mesa especial para isso, enquanto observava seus oponentes serem torturados e mortos.

Vlad, o Empalador, tornou-se conhecido como Drácula (ou "Filho do Dragão") porque era um cavaleiro da sagrada Ordem do Dragão, instituição cavalheiresca criada para defender o cristianismo das influências pagãs. Há que ressaltar aqui que o dragão era um símbolo pré-cristão para proteger a força e a sabedoria femininas, na época ameaçadas de serem postas de lado por uma sociedade paternalista religiosa cristã.

Segredos e mistérios da humanidade

O interessante é o simbolismo do feminino relacionado a Drácula, bastante semelhante ao modo como o lobisomem parece operar fora do ciclo da lua, que regula as marés e o fluxo de sangue (e o correspondente ciclo menstrual). Muitos indivíduos também declaram que destruir um vampiro devolve à Mãe Terra o rejuvenescimento da dádiva da vida de todas as coisas viventes.

De qualquer forma, Constantinopla foi tomada, em 1453, pelos turcos otomanos, que estavam prestes a se converterem ao cristianismo quando Drácula levantou-se para defender sua terra natal. Seus súditos o amavam porque ele derrotou os turcos várias vezes ao tentarem entrar em seu território. Morreu violentamente em 1476, supostamente pela mão de um de seus próprios homens, que era, segundo rumores, um espião turco.

No filme *Drácula de Bram Stoker,* de Francis Ford Coppola, Vlad combate os turcos enfrentando desigualdades avassaladoras. Sai vitorioso, mas se vê frustrado por notícias errôneas de que seu grande amor, Elizabeta, matou-se por pensar que ele estivesse morto. Muitos, inclusive Francine, sentem que Drácula e Elizabeta ilustram a mudança política dos últimos vestígios do princípio feminino para a época muito rígida das normas patriarcais, que deveriam estar em sintonia uma com a outra. Em vez disso, a escuridão da época, que levou o próprio Drácula a viver nas trevas, tornou-se outro indicador de que precisamos da emoção (o feminino) e do intelecto (o masculino) em todas as religiões.

Em *Vampyric Myths and Christian Simbolism: the Love Story of Bram Stoker's Dracula,* Jeffrey Romanyshyn declara: "O mito de Drácula em particular, e o do vampiro em geral, foi lançado às sombras durante séculos. A fonte fundamental das sombras não é o vampiro nem a crença incorreta de que um vampiro é o puro mal e carece da claridade do ser, mas a

Igreja cristã que, no mínimo, representou o papel de parteira ao dar à luz um vampiro".

Quando Elizabeta conta ao moribundo Drácula, no fim do filme, que seu amor é mais forte que a morte, isso certamente nos dá a esperança de que o amor, que é fundamentalmente Deus em sua pureza, vença mesmo as trevas no final.

Antes de Bram Stoker escrever seu livro, o mito do vampiro, de uma forma ou de outra, retornou no tempo por centenas de anos à Europa Central e à Oriental, à Ásia e às Américas. Muitos acreditam que a crença nessas "criaturas da noite" começou com morcegos vampiros, que se alimentam do sangue do gado e de outros animais. (É de admirar, quase de uma forma cômica, por que os mosquitos não se tornaram associados ao mito também, mas é razoável dizer que um morcego é bem mais sinistro e misterioso, vivendo em cavernas escuras, do que um inseto inoportuno.) Ao longo da história, os vampiros foram difamados como entidades imortais sugadoras de sangue que matam as pessoas para beber seu fluido vital. Em certo grau, isso revela nosso desejo pela imortalidade, mas também tem seu preço: vagar pela terra até o fim dos tempos.

Muito foi escrito sobre a simbologia dos significados mais profundos do vampiro e de onde deriva. Por exemplo: os vampiros também não podem ver a luz do dia, o que é interessante porque a luz, simbolicamente, representa o bem; nem podem atravessar a água, o que Francine acredita derivar do fato de a água ser utilizada para purificar, tornar limpo e até mesmo batizar. Eis aqui algumas outras crenças comuns sobre os vampiros e suas respectivas origens:

> – O fato de os vampiros não poderem ver seu reflexo remonta à minha herança judaica (pelo lado de meu pai).

Segredos e mistérios da humanidade

Quando alguém morre, os judeus tradicionalmente cobrem todos os espelhos de casa. Só recentemente descobri por que isso era feito: acreditava-se que a pessoa que morria veria seu reflexo e não saberia que estava morta; assim sendo, ficaria presa ao espelho, sentindo que ainda estava viva por toda a eternidade.

– Também ouvimos dizer que os vampiros têm medo de alho. Em minha pesquisa, não fui capaz de descobrir por que o alho supostamente era repelente de vampiros, mas encontrei um mito que dizia que, caso colocasse uma rosa no peito de um morto, isso impedia a alma de vagar. Talvez o oposto disso fosse colocar alho, que tem um odor muito pungente, sobre o falecido, para repelir os vampiros. (Afinal, quando eu estava na escola, vovó Ada – que não acreditava em vampiros – pendurou um saco de alho em torno de meu pescoço para prevenir a difteria. Desnecessário dizer que não contraí a doença – o saco cheirava tão mal que ninguém chegou perto de mim.) Em seu livro *The Vampire in Europe* (Kegan Paul Library of Arcane, Columbia University, 2004), Montague Summers escreveu que, na véspera do dia de São Jorge, na Transilvânia, todo lavrador decorava seus portões com buquês de rosas silvestres, arbustos para afastar o mal, as bruxas e, possivelmente, vampiros. Além disso, alguns imaginavam que o meimendro, o acônito (também conhecido como napelo) e o mata-cão eram utilizados como "repelentes de vampiro" antes do alho, por causa de suas qualidades venenosas.

– Acreditava-se que estacas de madeira matavam vampiros, assim como balas (a ideia de matar lobisomens com balas de prata pode ter se originado daí). No artigo

"Transylvanian superstitions", de 1885, Emily Gerard escreveu: "... toda pessoa morta por um *nosferatu* (vampiro) igualmente se torna um vampiro depois da morte, e continuará a sugar o sangue de pessoas inocentes até que o espírito seja exorcizado, ou pela abertura da tumba da pessoa suspeita e transpassando uma estaca no cadáver, ou dando um tiro de pistola no caixão". As observações de Bram Stoker referiam-se a essa passagem – sem dúvida ele incorporou essas ideias em *Drácula*. O pilriteiro foi considerado por algumas pessoas na Europa Central e na Oriental como o melhor material para deter um vampiro, por causa de seus espinhos; arbustos espinhosos (inclusive a rosa) eram muito utilizados para proteger as pessoas dos vampiros.

Não existe maneira de abordarmos tudo o que foi escrito sobre vampiros em um capítulo, nem mesmo em um livro. Anne Rice comprovou esse fato. Mas eu gostaria de inserir aqui que *eles não existem*, exceto como uma tentativa da humanidade de explicar o mal.

Chupa-cabras

O chupa-cabras é uma das criaturas misteriosas menos conhecidas do mundo, mas obtém cada vez mais atenção. A razão disso é que o animal mata outros sugando todo o seu sangue, quase como um vampiro.

Os chupa-cabras procuram animais de fazenda (geralmente cabras, galinhas e cavalos), perfuram sua carne (normalmente no pescoço) e drenam o sangue do corpo – em alguns casos, removendo os órgãos internos também. Uma das coisas interessantes a respeito desse ser é que sobra pouco ou nenhum sangue ao redor dos animais mortos – e, exceto pelo

Segredos e mistérios da humanidade

sangue drenado e pela remoção ocasional de órgãos, o resto dos cadáveres é deixado intacto.

De acordo com o site www.crystalinks.com, a criatura é vista no México, no Caribe e na América do Sul, assim como no sudoeste dos Estados Unidos e na Flórida. Um artigo do site afirma:

> Os chupa-cabras são descritos como tendo cerca de 1,20 m de altura quando estão de pé, enormes olhos vermelhos alongados, pele cinzenta, parcialmente coberta de pelos e de penas, braços curtos com garras, pernas como um canguru, e uma fileira de espinhos agudos correndo pelo meio das costas. Supostamente são animais muito poderosos. Alguns relatam que os chupa-cabras têm asas e podem voar.

Pedras maias esculpidas em Palenque, no México, retratam uma criatura estranha muito semelhante aos desenhos feitos a partir de visões de chupa-cabras relatadas por testemunhas. Portanto, parece que esse animal misterioso na verdade está conosco há muito tempo.

Bolas de luz alaranjadas também parecem aparecer ao mesmo tempo que as visões dos chupa-cabras, o que alguns vinculam aos OVNIs. Ora, por que haveriam os extraterrestres de querer sangue animal? Porque parece que não é apenas a fome que os impele, mas também algum tipo de pesquisa. Quando chegarmos ao capítulo das abduções alienígenas, você verá que nem tudo que vem do espaço está aqui por bem. Sim, são como nós de várias maneiras, mas também precisam lidar com seus próprios renegados e facções insanas. Eis por que as visões dos chupa-cabras parecem cessar por um período, e então ouvimos falar de uma desagradável série delas num curto espaço de tempo. As criaturas devem voltar ao controle daqueles que as trouxeram aqui.

Esses incidentes geralmente ocupam uma das páginas internas dos jornais, quase como um "tapa-buraco", assim como outras coisas inexplicáveis. (Até mesmo ocorrências estranhas no céu parecem ser informadas dessa maneira. Sempre ouvimos que era "uma neblina de pântano", "um meteoro", "balões atmosféricos" ou alguma outra explicação escandalosa. Lembro que, nos anos 1980, em San Jose, na Califórnia, luzes estranhas foram vistas sobre a cidade, depois rebaixadas a fogos-fátuos na neblina de pântano. Em primeiro lugar, San Jose não fica num pântano; em segundo, por que não investigaram de onde os fogos-fátuos se originaram?

Creio que o chupa-cabras seja bastante diferente do morcego vampiro – é, na verdade, uma criatura de outro planeta que foi colocada aqui para fins de pesquisa e que às vezes sai do controle.

12
OS AMIGOS INVISÍVEIS DAS CRIANÇAS

Durante anos os pais imaginam o que fazer a respeito de seus filhos e seus supostos amigos imaginários. As crianças chegam ao ponto de dar apelidos a esses companheiros, como Totó ou Narigudo; ou nomes reais, como Tony ou Karen. Não apenas conversam com eles, mas podem também querer colocar um lugar à mesa para esses amigos. Meus próprios filhos tinham seus companheiros "imaginários" – Paul tinha Timothy, e Chris tinha Charlie –; eles são, na verdade, os guias espirituais de meus filhos.

Alguns guias tornam-se crianças como outros garotos porque pode ser mais fácil para esses jovenzinhos os aceitarem. No entanto, as crianças também podem ter amigos "adultos" com quem conversam e brincam – Francine, por exemplo, apareceu-me como adulta. Tenho certeza de que ela fez isso porque o companheirismo, o amor e a orientação de minha própria mãe eram nulos. A própria Francine preencheria essa lacuna.

Os olhos das crianças são tão desanuviados das brumas do mundo que elas enxergam a dimensão da qual procedem os guias. No entanto, seus amigos invisíveis parecem perder o viço de sua realidade – estou convencida de que a vida os comprime e os expulsa para longe, ou pais bem-intencionados lhes dizem que têm uma imaginação muito desenvolvida. Para encorajar nossos filhos, deveríamos fazê-los falar sobre seus amigos. Na verdade, nossas crianças podem até mesmo nos dar mensagens genuinamente mediúnicas por parte de seus guias.

Um garotinho de nome David contou recentemente à sua mãe que Marty (seu amigo imaginário) dissera que o pai dela (o avô de David) ia voltar ao lar, para a casa de Deus. A mãe de David não prestou muito atenção a isso até o dia seguinte, quando soube que o pai tivera um ataque do coração de repente. De maneira semelhante, Francine me contou, quando eu estava com minha avó, que meu avô, quem eu amava profundamente, tinha ido para o céu – ela deu a hora exata em que ele fizera a transição.

Você não precisa comprovar nada, mas, de modo casual e franco, pergunte a seu filho e mostre interesse. Aposto que ficará surpreso diante da informação que receberá. Não tenha medo. Se ouvirmos nossos filhos, aumentaremos a comunhão com os guias, com Deus e com os anjos. Então, teremos um grupo de pessoas que crescerão sem se sentir tão sozinhas, e que se darão conta de que Deus envia emissários para nos guiar ao longo do caminho.

13
EXTRATERRESTRES

Como muitas outras pessoas, creio que é ridículo pensar que nosso pequeno e insignificante planeta – localizado na borda exterior de uma galáxia de tamanho médio que contém bilhões de planetas, entre milhares de outras galáxias que *também* contêm bilhões de planetas – é o único que comporta a vida. Deve haver algum tipo de ego, ignorância ou uma atitude "não ligo a mínima" por trás dessa teoria. Não condeno nada disso; apenas acho incrível que não acreditemos que Deus não fizesse outra vida à Sua imagem para habitar este universo quase infinito em que moramos.

"Supor que a Terra seja o único mundo povoado no espaço infinito é tão absurdo como acreditar que, num campo inteiro semeado de cereais, somente um grão crescerá." (Metrodoro Quios, filósofo, século IV a.C.)

Grandes volumes poderiam ser escritos sobre OVNIs e extraterrestres (e, naturalmente, muitos foram), mas não é esse realmente o meu propósito aqui. Só tento lhe dar explicações sobre alguns dos mistérios do mundo utilizando a habilidade que recebi de Deus, fazendo o meu melhor para respaldá-los com fatos que são conhecidos, porém não necessariamente compreendidos.

Em outras palavras, alguns "fatos" ainda não podem ser explicados, levando a mistérios dentro de mistérios. Isso não é novo: a ciência continuamente se depara com isso em sua busca pela verdade, razão pela qual sempre procura seguir passo a passo. Na tentativa de resolver um mistério, a ciência muitas vezes desvenda ou descobre um novo mistério, e assim sucessivamente...

Minha própria experiência

Pesquiso o assunto dos extraterrestres nos últimos 60 anos mais ou menos. Isso porque, quando eu era pequena, minha avó médium me presenteava com histórias de vida em outros planetas. Tenho certeza de que ela conseguiu muitas de suas informações com seus guias e com seu próprio insight mediúnico, exatamente como eu faço hoje em dia.

É engraçado lembrar que eu não acreditava muito em reencarnação, mas não tinha problemas em ouvir falar de como um alienígena visitara vovó Ada quando ela colhia tomates do lado de fora de sua casinha na rua Monroe, em Kansas City.

O visitante de vovó Ada

Fiz minha avó me contar essa história tantas vezes que ela deve ter desejado fechar minha boca, mas ela sempre a contava do mesmo jeito, sem enfeites.

De qualquer forma, vovó Ada me contava que ela estava parada em sua horta um dia quando viu um *flash* ofuscan-

Segredos e mistérios da humanidade

te. Era um dia ensolarado, de modo que ela imaginou que fosse um tipo de bola de luz que acontece com frequência em Missouri, ou alguma alteração em sua visão. Conforme ela se abaixou para colher outro tomate, uma sombra caiu sobre ela. vovó ergueu os olhos e se deparou com um homem vestido num traje todo prateado, que parecia feito de material de paraquedas, mas com uma aparência estranha; a roupa parecia inteiriça. (Ela era uma costureira experiente, portanto imagino que a maioria das pessoas não prestaria tanta atenção a esses detalhes.)

Vovó Ada disse que ele não falou, mas se comunicou *assim mesmo*. Não entendi o que ela queria dizer, então ela me explicou: "Sabe, como você e eu fazemos, e às vezes seu pai e você fazem". (Referia-se à telepatia que ela e eu compartilhávamos, a qual, até aquele dia, alguns diziam que era irreal. Por mais estranho que pareça, embora meu pai não fosse da mesma linhagem genética de vovó Ada, também existia uma notável percepção extrassensorial entre nós.)

– Ah, ele falou com a mente – eu disse.

Ela concordou e me contou que fora do modo mais claro que tudo o que ela já ouvira. Dessa forma, o visitante perguntou-lhe o que ela fazia, e ela explicou que colhia tomates. Quando ele imaginou para que serviam, ela disse que eram para comer e estendeu um a ele. Ele o mordeu, fez imediatamente uma careta e deixou-o cair.

Eu estava interessada em saber qual era a aparência da criatura, porque meu tio de segundo grau, médium e trabalhador nos velhos acampamentos espiritualistas na Flórida, era fanático por OVNIs. Ainda tenho seu livro de recortes de 1908 a 1911, no qual cada artigo a respeito sobre o assunto era cuidadosamente catalogado. Contudo, ele na verdade nunca viu um deles, por isso acho que, mesmo que minha avó não demonstrasse, sentia-se contente por *ela* ter visto.

Ela me disse que o homem era alto. (Ora, todos os homens de minha árvore genealógica têm mais de 1,90 m, portanto posso imaginar que vovó Ada quis dizer mais alto do que era comum para nós – talvez perto de dois metros e alguma coisa.) Também tinha cabelos escuros e belos olhos escuros, mas não parecia nada diferente de qualquer um. A única coisa incomum que ela percebeu foi que ele parecia ter uma película que passava por cima de seus olhos intermitentemente, como um lagarto, mas, fora isso, não tinha absolutamente nenhuma aparência grotesca ou estranha. Ela disse que seus cabelos pareciam um pouco sintéticos, mas não tinha certeza. O homem apresentava boca e dentes normais, mas o nariz era um pouco mais largo, quase com feições polinésias. No entanto, ele não tinha a cabeça deformada e os grandes olhos vidrados que foram quase hipnoticamente introjetados na consciência dos americanos e de outros povos ao redor do mundo.

Como vovó Ada disse mais tarde, se os alienígenas tivessem a aparência tão grotescamente diferente, não poderiam visitar nosso planeta sem serem detectados. (Aqui, minha guia Francine interrompe para afirmar que, seja lá no que você queira acreditar, está ótimo, mas ela e todos os seus amigos guias só viram o que são criaturas parecidas com humanos: alguns são altos e outros são baixos; alguns são morenos e outros são claros; alguns parecem caucasianos e outros parecem asiáticos; e assim por diante. Não faz sentido que seja dessa forma que se misturam conosco? Afinal, andam entre nós, até mesmo na política.)

No decorrer dos anos, ao ver alguns dos alienígenas de Hollywood (inclusive o filme *E.T. – o extraterrestre*), precisei rir, porque essas esquisitices certamente foram investigadas e pesquisadas – no mínimo, devem ter tido o DNA colhido por algum de nossos cientistas. Quero dizer, é bastante claro para

Segredos e mistérios da humanidade

Encontro particular no deserto.

mim o que a humanidade não compreende: temos tendência a difamar ou transformá-los em monstros.

Agora eu gostaria de contar a vocês uma experiência que meu ex-marido e eu (juntamente com outras seis pessoas) tivemos no Vale da Morte, na Califórnia, nos anos 1980. Alguns amigos conversaram com Francine e perguntaram a ela quando seria a próxima visão de OVNIs. Sem hesitar, ela nos contou em que noite e qual região do Vale da Morte seria possível vê-lo. Um de nossos amigos alugou um trailer bem grande, e todos fizemos as malas e partimos para o ponto de encontro designado. Chegamos ao escurecer, embora devêssemos esperar até perto da meia-noite. Apesar de estarmos todos muito apreensivos, a hora logo chegou.

Embora eu pudesse jurar que havíamos estacionado numa estrada plana, quando saímos do trailer senti como se, de certa forma, estivesse drogada. Tudo parecia estar inclinado, como se eu me encontrasse de repente numa ladeira, e fiquei muito atordoada – até mesmo a voz de Francine parecia distorcida e distante.

Mantive a boca fechada porque sei muito bem quanto as pessoas podem ser sugestionáveis, porém, um a um, observei meus amigos saírem, e todos pareciam passar pela mesma experiência. Até meu marido exclamou:

– Não estacionamos numa colina. Que diabos está acontecendo?

Minha queria amiga Tia disse a mesma coisa: que ela também se sentia desarticulada e tonta. Francine, então, veio para me explicar que a gravidade era perturbada pelo OVNI que estava acima de nós.

Embora a Lua e as estrelas fossem as únicas fontes de luz na noite escura do deserto, de repente vi uma figura alta aparecer sobre a pequena colina. Francine disse que cada um de nós deveria se encontrar com "ele", um de cada vez. (Perguntei-me qual seria o motivo, mas, já que estava de certa forma desorientada, não a questionei.) Assim, um dos homens de nosso grupo, a quem chamarei de "D" e que já é falecido, quis ser o primeiro.

Todos nós recuamos e observamos D aproximar-se do estranho; conforme ele seguia, perguntava para verificar se já tinha chegado até a figura. (Aparentemente, nós conseguíamos vê-la, mas D não podia.) Quase em uníssono, berramos:

– Ele está bem perto de você, à direita!

D gritou de volta:

– Jesus, não consigo ver, mas posso senti-lo!

Pudemos ver os dois muito perto um do outro, e, quando D voltou, disse que haviam se comunicado telepaticamente.

Fui a próxima, e *consegui* ver o visitante. Era muito alto e parecia usar um tipo de elmo, quase como Darth Vader (de *Guerra nas Estrelas*), com um visor metálico. Perguntei:

– De onde você vem?

– Vocês não podem ver em seus telescópios, mas meu planeta, PX41, fica além da galáxia de Andrômeda – disse ele.

– Por que veio até aqui?

– Para ver o que você fazem com seu planeta.

– Deve estar desapontado – comentei.

– Não, estou mais confuso com o que vocês, pessoas, fazem uns aos outros.

– Onde está sua nave?

– Bem acima de você – disse ele.

Não consegui ver nada e lhe disse isso. Ele exclamou:

– Temos um dispositivo que oculta nossa nave. Por causa de nossa velocidade e de um tipo de escudo, não somos detectados por seus radares muito primitivos.

– Por que veio até nós? – inquiri.

– Talvez algum dia você escreva que não estamos aqui para fazer mal a seu planeta, mas sim para observar e ajudar.

Oh, pensei, com certo ceticismo, *claro que escreverei – por mais que eu já tenha revelado o que é fora do padrão, não vou colocar meu nome nessa* linha. Não que eu não acreditasse, mas já conversei com espíritos, fiz debates e comecei uma igreja... agora OVNIs?

Ele leu meus pensamentos:

– Você escreverá.

(E assim eu fiz).

Quando voltamos a nos reunir, cada pessoa do grupo tinha uma história diferente. Todos os encontros foram profundos, e todos nos sentíamos energizados e reconfortados ao mesmo tempo. Ao pararmos perto do trailer, percebemos que uma imensa listra aparecera no céu e desaparecera depressa.

Os coiotes, que estavam quietos até o momento, começaram a fazer um ruído crescente como eu nunca ouvira antes. Pareciam nos rodear, e então nos demos conta bem depressa de que deveríamos voltar para o trailer. Uma vez lá dentro, ninguém falou por um longo tempo, como se estivéssemos todos perdidos em nossos próprios pensamentos. Quando finalmente saímos de nosso devaneio, todos tínhamos as mesmas sensações e havíamos visto a mesma coisa, mas cada um recebera uma mensagem diferente. Chamamos o alienígena de "sr. X", e até hoje não tenho certeza se alguém mais do grupo alguma vez falou sobre isso. Foi uma experiência bastante profunda – tão real para mim hoje em dia como foi então.

John

O sr. X não foi o primeiro extraterrestre que já encontrei – essa honra vai para o alienígena que encontrei nos anos 1970 em Palo Alto, na Califórnia, uma cidade suburbana perto da Universidade de Stanford. Minha irmã e eu comíamos num lugar chamado *L'Omelette*, ao qual gostávamos de ir depois de sair do trabalho na St. Albert the Great, uma escola católica de ensino elementar. Examinávamos nossos menus quando um jovem perguntou se poderia se juntar a nós. Embora eu fosse casada, minha

Segredos e mistérios da humanidade

irmã não era, e o homem parecia meio tímido; além disso, havia bastante gente ao redor, portanto dissemos "tudo bem".

No momento em que ele se sentou, um alarme soou dentro de mim. Não foi como se eu sentisse que ele era um estuprador ou um assassino – não consegui fazer nenhuma leitura, o que é impossível para mim. Não sou egocêntrica, mas todos que chegam perto de mim me provocam *alguma coisa*. Aquele sujeito era uma folha em branco.

Francine me disse: "Ele não é daqui", e eu sabia que não era um fantasma, porque pelo menos eles têm um histórico. Quando perguntei seu nome, ele fez uma pausa e disse "John", quase como se precisasse pensar antes.

A televisão sobre o bar ao fundo da área de alimentação mostrava um jogo de beisebol, e nosso novo amigo parecia fascinado com ele. Finalmente, perguntou-me o que os jogadores faziam.

– É chamado de beisebol – eu disse.

Minha irmã me deu aquele olhar, "que diabos?", e eu prontamente a chutei por debaixo da mesa.

– Por que será que eles fazem isso? – John pensou, em voz alta.

Contei-lhe que era um jogo, mas ele sacudiu a cabeça, confuso. Foi quando observei seu cabelo, que parecia igual ao de uma boneca, numa peça só. (Ora, por favor, lembre-se de que isso foi nos anos 1970, bem antes de apliques e implantes de cabelos serem comuns.)

– Gostaria de comer alguma coisa? – perguntei depois de algum tempo.

– Acho que sim... – respondeu ele. – O que você vai comer?

– Peixe, salada e gelatina de frutas.

– Eu também – ele retrucou, parecendo encantado por não precisar tomar uma decisão.

Minha irmã ficou calada, lançando-me olhares de soslaio, mas me compreendia e confiava no que eu fazia. Também tinha consciência de que eu conhecia o dono daquele restaurante, portanto, se corrêssemos perigo, eu não teria problemas em recorrer a ele.

Quando a comida chegou, a coisa ficou patética de tão cômica, e dou ênfase ao *patético*. John não sabia o que fazer, por isso mostrei-lhe o garfo – e ele ficou olhando. Pegou um bocado de peixe e perguntou o que era. Eu lhe disse que vinha do oceano, ele fez uma careta e largou rapidamente o garfo. Bebeu água e pareceu ficar fascinado com o sal. Mostrei-lhe como colocá-lo na mão, e ele o lambeu avidamente. O mais incrível foi quando tentou beber a gelatina.

– John – perguntei –, onde você mora?

– Oh, aqui, ali, em todo lugar – respondeu ele.

– Por que veio aqui? – eu quis saber.

– Estava apenas dando uma olhada – ele retrucou. – Caminhava pela escola – presumi que se referisse à Universidade de Stanford.

Minha irmã e eu estávamos prontas para ir embora, mas continuei a observar o rapaz e sua absoluta curiosidade a respeito de tudo o que acontecia a seu redor. Saímos, com John a reboque como um cachorrinho de estimação, e minha irmã pegou o pente na bolsa.

– O que é isso? – ele perguntou.

Foi demais. Exclamei:

– John, pode confiar em nós. De onde você é e por que está aqui?

Ele me encarou francamente e disse:

– Algum dia você saberá quem sou e quem somos *nós*. – Então, repetiu as palavras do sr. X: – Observamos e tentamos ajudar. Se precisar entrar em contato comigo, ligue e conversaremos mais.

Até me deu um endereço com um número do telefone. Conforme eu o observava afastar-se, ele saiu meio arrastando

Segredos e mistérios da humanidade

os pés, como se não estivesse seguro de nossa gravidade. John Keel, autor de *The Mothman Prophecies* (Tor Books, 2002), observou que os alienígenas tendem a fazer isso.

Bem, desnecessário dizer que o número de telefone estava errado, e ninguém naquele endereço ouvira falar algum dia de John. E não fiquei nem um pouco surpresa.

parte III
OBJETOS INEXPLICÁVEIS

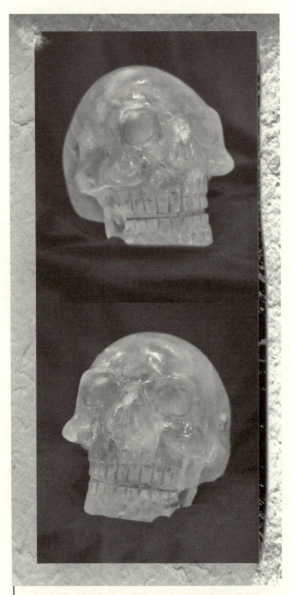

Dois aspectos do crânio de cristal Sha-Na-Ra.
(cortesia de Nick Nocerino).

14
Os crânios de cristal

Os arqueólogos parecem discordar da origem dos 13 crânios de cristal encontrados em regiões que vão do México até o Peru. Francine, entretanto, afirmam que mesmo em sua época (1500) os crânios de cristal eram conhecidos das culturas asteca, inca e maia. Essa informação bate com o que afirma um maravilhoso site da internet, o www.world-mysteries.com: os crânios pertencem a alguma época entre 5.000 a 36.000 anos.

Mesmos os mais habilidosos mestres assopradores de cristal e vidro não sabem como esses tesouros foram feitos ou como sobreviveram, mas eles se assemelham realmente a crânios humanos – vários deles, como o celebrado crânio de Mitchell--Hedges, incluem até mesmo uma mandíbula removível. Esse famoso artefato foi encontrado supostamente em 1924 por F. A. Mitchell-Hedges, que alegou que sua filha, Anna, o descobrira. Não parece existir nenhuma prova disso; na verdade, o Museu Britânico sustenta ter registros do lance de Mitchell-

Segredos e mistérios da humanidade

-Hedges pelo crânio num leilão da Sotheby's, em Londres, em 1943, e que isso foi confirmado.

Existem os que dizem que F. A. Mitchell-Hedges mandou fazer o crânio para financiar suas várias expedições. Essa especulação é parcialmente baseada na história nebulosa do crânio e no fato de que, mesmo que tenha sido exibido ao público mais que os outros crânios, Anna Mitchell-Hedges não permitiu que fosse testado além do que já fora. Para mim não importa: se esse crânio foi descoberto numa antiga ruína maia ou num templo em Belize – ou se Anna esteve mesmo no local onde foi encontrado –, isso não tira a magnificência do troféu.

O crânio de Mitchell-Hedges é feito de cristal de quartzo claro, e tanto o crânio como a mandíbula vêm do mesmo bloco. (Se é um crânio feminino ou masculino, está aberto a debate, mas, a julgar pelo tamanho, molares altos e aparência frágil, eu diria que é feminino.) Muito embora o crânio tenha passado por uma bateria de testes, ninguém consegue imaginar como foi esculpido. Foi feito de tal maneira contra a granulação que desconcerta os cientistas que insistem que isso despedaçaria o cristal. Vários dos crânios foram também testados em busca de arranhões microscópicos e nada foi encontrado, o que indicaria que não foram entalhados com instrumentos de metal nem utilizada tecnologia dos dias de hoje.

O restaurador de arte Frank Dorland supervisionou os testes do crânio de Mitchell-Hedges nos Laboratórios Hewlett-Packard, em 1970, e sua melhor hipótese foi a de que foi cinzelado rusticamente com diamantes e que depois se utilizou uma solução de areia de silício e água para poli-lo – estimava-se que esse processo teria exigiria 300 *anos* de trabalho humano.

Meu espírito-guia Francine disse que os crânios de cristal vêm de um molde bastante explícito, feito de uma substância semelhante ao nosso titânio. O quartzo foi aquecido de alguma forma, despejado no molde e, depois, resfriado suavemente.

114

Sylvia Browne

Nesse ponto, 15 crânios, e não 13, foram enviados a diferentes partes dos Andes; pela migração e pela guerra, foram espalhados na América Latina.

Além do crânio de Mitchell-Hedges, existem ainda, recuperados, o crânio asteca; o crânio de ametista; o crânio de cristal de Paris; o crânio do Texas, também chamado de "Max"; o "crânio do E.T.", assim chamado pela forma pontuda e órbitas exageradas, que o faz assemelhar-se à cabeça de um alienígena (as cabeças humanas apresentam todas as formas e tamanhos, portanto não se agarre imediatamente à conclusão de que é realmente um crânio de alienígena); o crânio maia; o crânio de quartzo rosa, o maior e entalhado de maneira similar ao de Mitchell-Hedges; o crânio do arco-íris; o crânio do jesuíta; o crânio de lasca de ágata; o crânio Sha-Na-Ra (sobre o qual falarei um pouco mais). Existem outros crânios de cristal por aí, porém ficou determinado que muitos foram feitos recentemente e não são, por conseguinte, classificados como parte dos 13 originais.

É curioso o fato de que o crânio asteca não seja mais exibido no museu do Homem em Londres – os funcionários e os visitantes do museu alegam terem-no visto mover-se por conta própria sem sua caixa de proteção. Francine afirma que é porque o cristal é um condutor de energia que se move em direção ao grau mais alto de emanações elétricas. Em outras palavras, pessoas que dominam a energia cinética (que se manifesta movendo objetos) seriam as mais aptas a mover o crânio. (Falarei mais sobre energia cinética depois, neste livro.)

Francine afirma que, tal como as pedras das pirâmides do Egito, não possuímos ainda uma tecnologia que se compare ao conhecimento posto em ação nos crânios de cristal. Já que o cristal sempre foi um condutor (afinal, os primeiros rádios eram conjuntos de cristal), muitas informações antigas foram inseridas nos crânios. Francine também afirma que esses artefa-

Segredos e mistérios da humanidade

tos foram feitos por seus antepassados – peritos em entalhar e polir com areia branca fina – e eram, aparentemente, símbolos religiosos que datavam de milhares de anos antes de seu nascimento. Esses símbolos mostravam ao povo de Francine duas coisas: a vida é transitória e devemos sempre honrar e recordar os mortos, aos quais um dia nos juntaremos.

É interessante observar que as comunidades mexicanas ainda veneram seus mortos, celebrando seus antepassados no *Día de los Muertos* (Dia de Finados, no Brasil). Francine também afirma que, nos últimos dez anos, pessoas tentaram duplicar os crânios, o que tem lançado dúvida sobre os verdadeiros 13 crânios que existem hoje em dia.

Lembrei-me também de que Francine afirmou um dia que todas as pirâmides do mundo ostentavam cristais em seus ápices porque traziam o conhecimento dos antepassados. Mesmo nos dias de hoje, utilizamos cristais porque absorvem a negatividade. E uma velha tradição dos americanos nativos que passou através das eras afirma que, quando perdemos nossa negatividade e nossas percepções intuitivas, os cristais podem ser utilizados como instrumentos para ver coisas ruins e afastá-las, assim como para curar doenças. Estariam tentando nos dizer que os cristais podem curar? Sim. Que os artefatos são telepáticos? Sim.

Não há dúvida de que os crânios de cristal (pelo menos os autênticos) têm poderes ou propriedades curativas, pois inúmeras pessoas sentiram seus efeitos benéficos. Creio que isso se deva à geração de energia pelos crânios, combinada à eletricidade e à mão de Deus.

Na verdade, uma das partes mais incríveis da pesquisa sobre os crânios de cristal é que dão informações psíquicas precisas sobre os acontecimentos do passado, como Atlântida, assim como ocorrências futuras – nada diferente dos vaticínios baseados na água ou na bola de cristal. Nunca fui de respaldar

116

coisas assim, mas aí está você utilizando uma coisa que guarda uma memória celular tal como nosso próprio corpo; portanto, por que não tentar se conectar a ela?

Lembro-me de quando experimentei pessoalmente o poder de um crânio de cristal. No final dos anos 1980 tive a sorte de ver uma exibição de artefatos e "tesouros místicos" na qual conheci meu velho e honesto amigo, o grande investigador paranormal Nick Nocerino. Nick acompanhou-me muitas vezes durante minha investigação de locais assombrados e, por uma sorte danada, possuía o crânio de Sha-Na-Ra.

O artefato transparente emitia prismas de luz tão brilhantes que pedi para tocá-lo. Nick me disse que normalmente não deixava ninguém manipular o crânio, porque as pessoas com frequência apresentavam reações bizarras – até mesmo dias depois, algumas ainda relatavam sonhos estranhos e energia que não conseguiam explicar –, mas, já que era eu...

Segurei o crânio, não esperando nada, porém sua eletricidade disparou através de mim com tanta força que quase fui dominada. Não que eu não tivesse lidado com uma corrente elétrica antes (afinal, os fantasmas a possuem, motivo pelo qual são capazes de transmitir calor e luz em películas infravermelhas). Aquilo, porém, era diferente. Era semelhante a um efeito ondulante, quase como quando nos sentamos numa daquelas cadeiras de massagem e sentimos as pulsações passando através de nós.

Não me esquecerei de meu encontro com o crânio de Sha-Na-Ra – senti-me muito bem depois que o toquei; e fiquei também profundamente orgulhosa de meu amigo Nick, que possuía um crânio verdadeiro e tinha também ajudado a encontrar o local de escavação onde ele e o crânio do arco-íris foram descobertos.

Segredos e mistérios da humanidade

Se tiver chance, tente tocar um crânio de cristal. Seja antigo, seja novo, você sentirá uma descarga elétrica. Imagine só: se aprendesse com os crânios em vez de alguém falar sobre eles, você poderia experimentar pessoalmente esse impulso ascendente de aumento da intuição e de cura.

Observação: É interessante observar que a descoberta, em 1938, dos discos de pedra, na China, supostamente decodificados, fala de outra visita extraterrestre de um povo conhecido como "os dropas" (a quem mencionei no Capítulo 3). Os dropas deixaram informações nos discos de pedra que relatam sua história. São semelhantes aos crânios de cristal no sentido de que também são misteriosos depósitos de conhecimento além de nossa civilização atual. Na verdade, mais 22 crânios de cristal (conhecidos como crânios de Beijing) foram encontrados nas escavações nas quais vários desses discos foram localizados. Ao todo, são 716 discos localizados até agora, mas, pelo sigilo do governo chinês, não sabemos muito sobre esses tesouros.

15
AS PEDRAS DE ICA

Logo ao norte da *Pampa Colorada*, no Peru, localiza-se a comunidade litorânea agrícola de Ica, antigo lar de um médico chamado Javier Cabrera, descendente direto do fundador espanhol da cidade. Em 1966, um lavrador analfabeto deu ao dr. Cabrera, como presente de aniversário, uma pedra com a imagem de um peixe gravada nela. O dr. Cabrera percebeu que o peixe parecia estranho; depois de pesquisar, descobriu que o entalhe da pedra combinava com um espécime que supostamente estava extinto havia milhares de anos.

O dr. Cabrera perguntou ao amigo de onde vinha a pedra. O lavrador respondeu que a descobrira numa caverna onde mais tesouros poderiam ser encontrados. O bom médico disse então que compraria quaisquer das pedras que o lavrador pudesse lhe trazer. O lavrador já tinha a reputação de vendê-las aos turistas, portanto não teve problemas em conseguir mais para vender ao amigo. O dr. Cabrera terminou com mais de 11 mil pedras em

Segredos e mistérios da humanidade

sua coleção, e estimou que existissem mais de 100 mil como as dele.

Notícias sobre as pedras e o lavrador se espalharam, então a BBC fez um documentário sobre o fenômeno. Foi mais ou menos nessa época que o governo peruano entrou em cena, interpelando diligentemente o lavrador a respeito da origem das pedras. Disseram que ele iria para a cadeia por vender as pedras (o Peru tem realmente leis rígidas a respeito de antiguidades), de modo que ele mudou depressa sua história de encontrar as pedras em cavernas e leitos de rio e afirmou entalhá-las ele próprio para vender aos turistas.

Uma vez que o governo peruano queria ver-se livre de qualquer controvérsia, aceitou a história revisada do lavrador; para eles, as pedras não eram mais um assunto para preocupação. Além disso, a BBC fora profundamente criticada por levar ao ar uma história que era, obviamente, uma fraude, e tentou varrê-la rapidamente para baixo do tapete. E debaixo do tapete era onde poderia ter continuado se não fosse o dr. Cabrera.

Uma pedra que era para ser um presente tornou-se a paixão de uma existência para o médico, e ele percebeu que seu amigo lavrador havia mudado sua história para evitar ser preso. Porém, o que também intrigou o dr. Cabrera foi que as pedras que ele colecionava tinham entalhes que representavam tantas imagens e histórias fascinantes que ele sabia que um lavrador analfabeto jamais poderia conhecer ou mesmo imaginar.

Assim, pelos últimos 30 anos de sua vida, mais ou menos, o médico peruano pesquisou e investigou não apenas a origem, mas também o conteúdo das pedras, e tentou desesperadamente conseguir que a comunidade científica se juntasse a ele. Contudo, deparou-se com resistência – o

Sylvia Browne

"estigma de fraude" colado às pedras se tornara quase um anátema no que dizia respeito a um estudo científico sério.

Não importava o que fosse, o dr. Cabrera não desistiu das pedras. Até mesmo abriu um museu para que as pessoas pudessem ver sua coleção. Tornou-se um ávido arqueólogo e geólogo amador, paixões que exercitava juntamente com os deveres normais de médico, e apareceu com algumas informações e teorias surpreendentes sobre essas pedras enigmáticas (algumas das quais exploraremos adiante). Por enquanto, olhemos para as pedras em si e para o que representam.

As pedras de Ica são feitas de uma rocha do rio local, uma forma de andesina – mineral vulcânico resistente, negro acinzentado –, e cobertas por uma camada de oxidação natural (ou verniz) que confirma serem bastante antigas. Laboratórios alemães autenticaram que os entalhes nas pedras são realmente muito antigos, e têm aquela pátina de oxidação sobre elas. (É notoriamente sabido que os habitantes locais de fato entalham pedras para vender aos turistas, mas as incisões nos entalhes criados recentemente não têm a pátina de oxidação que as "verdadeiras" pedras de Ica apresentam). Variando de um tamanho que vai daquelas que cabem na palma da mão àquelas que são maiores que duas bolas de basquete, todas as pedras têm imagens ou desenhos incrustados – e é aí que começa a controvérsia.

A coleção do dr. Cabrera caracteriza-se por assuntos concernentes aos humanos, animais antigos, continentes perdidos e o conhecimento de catástrofes globais. As pedras mostram desenhos de nativos adornados com coroas e mantos realizando procedimentos médicos em pacientes – são imagens de transplantes de cérebro, transplantes de coração; cirurgias cardíacas que mostram veias e artérias sanguíneas religadas por meio de tubos de reabsorção (que utilizam a regeneração natural das células); cortes de cesarianas, com acupuntura

Segredos e mistérios da humanidade

como anestesia; cirurgia de transplante que emprega procedimentos que somente agora são utilizados pela medicina moderna; sistemas artificiais de manutenção de vida utilizando energia que parece ser conduzida pelos próprios cirurgiões, e trabalho com códigos genéticos.

Há outras imagens de mapas que mostram a Terra vista do alto, com várias massas de terra desconhecidas e uma configuração continental completamente diferente. Quando os cientistas compararam esses mapas a simulações de computador, descobriram serem imagens muito precisas de como pareceria nosso planeta 13 milhões de anos atrás. (Esses mapas também mostram claramente os continentes de Atlântida e Lemúria.)

Existem outros desenhos de homens utilizando telescópios para observar planetas, cometas e sistemas estelares; e várias pedras representam homens montados sobre dinossauros – tanto em terra como no ar! A arte das pedras é incrivelmente precisa de quase todas as maneiras. Sabe-se, por exemplo, que os dinossauros mostrados existiram, que as imagens médicas são exatas e possuem detalhes surpreendentes, e que as estrelas e os planetas estão corretos em suas localizações.

Quem fez essas pedras? De onde vieram? A versão do lavrador de tê-las encontrado numa caverna encoberta pela inundação agora parece plausível – mas onde estão as pedras restantes escondidas, e por que estão lá?

Depois de estudar as pedras de Ica durante anos e consultar-se com inúmeros geólogos e cientistas, o dr. Cabrera elaborou suas teorias. Postulou que uma civilização muito antiga, originária de um sistema estelar nas Plêiades, aterrissou na Terra e tentou colonizá-la. Ele também declarou que, nessa época, nosso planeta era inteiramente diferente de hoje em dia. Era composto de 80% de massa de terra, com muito pouca água. Pelas condições planetárias, a atmosfera se aquecera consideravelmente. Consequentemente, teorizou ele, essa antiga civilização tentou manipular os ciclos biológicos da natureza para corrigir a situação, mas as correções provocaram mudanças tectônicas em grande escala, imensas inundações e movimento dos continentes (em outras palavras, os eventos cataclísmicos que mudaram as massas de terra do planeta). Com a estabilidade da Terra, a antiga civilização preparou-se para partir para seu planeta natal, nas Plêiades. (Uma grande pedra na biblioteca de Cabrera mostra os hemisférios daquele planeta com vida inteligente e capacidade de viajar pelo espaço.)

O dr. Cabrera acredita também que a *Pampa Colorada* era o "*espaçoporto*" deles, por assim dizer, e que esses visitantes utilizavam uma forma de energia eletromagnética para dar propulsão a suas naves – na verdade, vários entalhes em sua coleção mostram naves suspensas num colchão eletromagnético cujo campo é controlado tanto pela superfície do planeta em si como pela espaçonave. Já que a *Pampa Colorada* possui imensos depósitos de minério de ferro, é de supor que essa área tenha um campo eletromagnético de extraordinária força.

Muitos que conheceram o dr. Cabrera estavam convencidos de sua sinceridade e honestidade, e ele era considerado um indivíduo gentil e dedicado com paixão pelas pedras de Ica e pela ideia de decodificá-las. Correram boatos durante muitos anos de que ele construíra uma câmara secreta de pedras em seu museu que nunca foi aberta ao público. Essas pedras especiais continham uma "mensagem para a humanidade" que o dr. Cabrera insistia que seria divulgada algum dia, quando estivéssemos prontos.

Francine afirma que seu povo sabia das pedras nos primórdios do século XVI, e que eram consideradas sagradas. Também afirma que eram na verdade um registro deixa-

Segredos e mistérios da humanidade

do pelos extraterrestres que habitaram a região milhões de anos atrás e cujo efeito também se estendeu à *Pampa Colorada* e às áreas próximas. Tiveram também impacto sobre culturas muito precoces não apenas no Peru, mas na Atlântida e na Lemúria, o que influenciou outras civilizações altamente avançadas, como a dos egípcios. Francine também me contou que dentro de 15 anos mais ou menos os humanos serão capazes de se conectar a essas pedras em busca de informações contidas dentro delas, as quais, disse, funcionam como bases de dados de computador.

O dr. Cabrera foi lançado ao ostracismo por suas teorias e sua fascinação pelas pedras de Ica. Independentemente disso, perseverou, apesar das críticas e dos ataques agressivos dos céticos durante a maior parte de sua vida, tendo por fim morrido de câncer em dezembro de 2001. Aos descrentes que apontavam que o lavrador admitira entalhar as pedras ele próprio, o dr. Cabrera dizia que, se fosse esse o caso, seu amigo não apenas precisaria conhecer o funcionamento interno de técnicas avançadas da medicina, mas precisaria também possuir um conhecimento complexo das estrelas, planetas, espaçonaves, dinossauros etc... assim como precisaria ter entalhado uma média de uma pedra por dia durante sete dias na semana por mais de 40 anos – tudo muito improvável para um lavrador analfabeto.

Os céticos não conseguem explicar como o lavrador poderia entalhar mais de 15 mil pedras (fora as que dizem que ele ajudou a fazer), nem justificar por que um trabalhador ignorante se daria ao trabalho de fazer tudo isso só para vender pedras aos turistas. Os descrentes também não arranjam explicações para aqueles mapas de origem antiga que mostram como a Terra parecia em épocas primitivas, confirmado por geólogos utilizando simulação por computador. Em ou-

tras palavras, as pedras de Ica ainda permanecem um mistério que ninguém consegue explicar com algum tipo de prova
incontroversa – o que, é claro, é a razão pela qual seguem
ainda como um mistério.

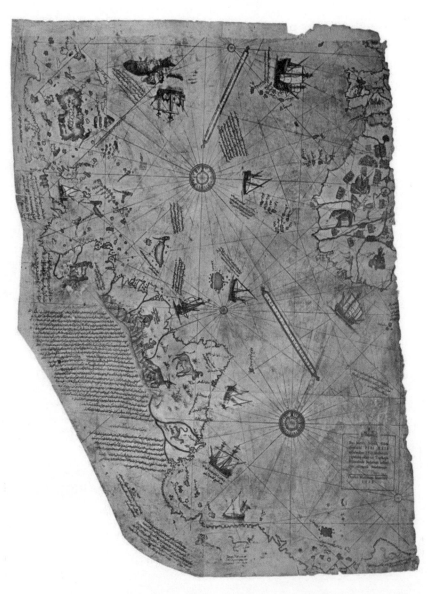

Fotografia do Mapa de Piri Reis. (cortesia de © Adventures Unlimited Press, *Mapas dos Antigos Reis dos Mares*, por Charles Hapgood).

16
Mapas e Instrumentos Extraterrestres

Parece que, quanto mais pesquisamos os mistérios deste planeta, mais descobrimos uma inteligência que está além de qualquer coisa que conhecemos – um ponto central parece nos direcionar além da Terra, para um grupo de entidades que teve papel ativo no planejamento de nosso progresso. Os três exemplos deste capítulo ilustrarão o que quero dizer.

O mapa de Piri Reis

Ao fazer pesquisas para este livro, deparei-me com um artigo interessante no site www.world-mysteries.com:

Segredos e mistérios da humanidade

Em 1929, um grupo de historiadores encontrou um mapa incrível desenhado numa pele de gazela. A pesquisa mostrou que era um documento genuíno desenhado em 1513 por Piri Reis, famoso almirante da frota turca no séc. XVI. Sua paixão era cartografia. Seu alto posto na Marinha turca permitiu a ele ter acesso privilegiado à Biblioteca Imperial de Constantinopla. O almirante turco admite, numa série de observações sobre o mapa, que compilou e copiou os dados de inúmeros mapas-fonte, alguns dos quais datavam do séc. IV ou anteriores.

Esse antigo cartograma, chamado pelos cientistas "mapa de Piri Reis", levantou uma controvérsia e tanto. O mistério brota daquilo que está contido no mapa, especialmente o litoral norte da Antártida em detalhes, juntamente com a costa ocidental da África e a costa leste da América do Sul. Ora, como pode ter sido desenhado o litoral da Antártida, perfeitamente detalhado e *preciso,* 300 anos antes de ela ser descoberta? E talvez ainda mais intrigante: como pode o mapa mostrar a costa da Antártica sob o gelo? (Pense nisso por um momento: o mapa é tão preciso que os cientistas dos dias modernos puderam utilizá-lo para atualizar seus próprios cartogramas!)

Muitos cientistas afirmam que a data absoluta mais antiga em que o continente da Antártida não esteve coberto de gelo foi 4.000 a.C., enquanto outros a colocam ainda mais para trás no tempo (um milhão de anos ou mais). Agora, compare isso ao fato de que os cientistas dizem que as civilizações mais antigas começaram em 3.000 ou 4.000 a.C. – e esses indivíduos certamente não tinham tecnologia para mapear com tamanha precisão –, e você obterá um mistério que não pode ser explicado. Vamos examinar um pouco mais de perto.

No prefácio de seu livro *Maps of the Ancient Sea Kings* (Adventured Unlimited Press, 1997), Charles H. Hapgood afirma:

Sylvia Browne

Num campo, o dos antigos mapas marítimos, parece que informações precisas foram passadas de povo a povo. Parece que os mapas se originaram de um povo desconhecido; que eles os passaram adiante, talvez por intermédio dos minoicos (os Reis do Mar da antiga Creta) e dos fenícios, que foram durante milhares de anos, ou mais, os maiores marinheiros do mundo antigo. Temos evidências de que foram colecionados e estudados na grande Biblioteca de Alexandria (Egito) e as compilações deles foram feitas pelos geógrafos que trabalhavam lá.

O professor Hapgood pediu à Força Aérea dos Estados Unidos que avaliasse o mapa de Piri Reis e obteve esta resposta:

6 de julho de 1960
Assunto: Mapa do Almirante Piri Reis
Para: Prof. Charles H. Hapgood
Keene College
Keene, New Hampshire
Caro professor Hapgood,
Sua solicitação de avaliação, por esta organização, de certas características incomuns do mapa de Piri Reis de 1513, foi revisada.
A alegação de que a parte inferior do mapa retrata a Costa Princesa Martha da Terra da Rainha Maud, na Antártida, e a Península Palmer, é razoável. Acreditamos que essa é a mais lógica e, com toda probabilidade, a interpretação correta do mapa. O detalhe geográfico mostrado na parte inferior do mapa está de acordo, de maneira bastante notável, com os resultados do perfil sísmico feito ao longo do topo da capa de gelo pela Expedição Sueco-Britânica da Antártida, de 1949.
Isso indica que a linha da costa foi mapeada antes que fosse coberta pela capa de gelo. A capa de gelo nessa região está agora com cerca de uma milha de espessura.

Segredos e mistérios da humanidade

Não temos ideia de como os dados desse mapa podem ser conciliados com o suposto estágio de conhecimento geográfico em 1513.

Harold Z. Ohlmeyer, tenente-coronel, comandante da USAF

Hapgood formula a hipótese de que Piri Reis provavelmente se apossou de alguns dos antigos mapas que eram copiados ou transferidos para a Biblioteca de Constantinopla e que os utilizou para desenhar seu mapa. Porém, de onde vieram os cartogramas originais? Hapgood e outros teorizam que uma civilização muito avançada os fez, utilizando tecnologia bem superior à possuída pela humanidade até a última metade do século XVIII (já que a trigonometria esférica não era compreendida até então).

Em 1953, um oficial naval turco enviou o mapa de Piri Reis para ser estudado pelo U. S. Navy Hydrographic Bureau (Agência Hidrográfica da Marinha dos Estados Unidos), que pediu ajuda a Arlington H. Mallery, uma sumidade em mapas antigos. Depois de um estudo considerável, Mallery descobriu que a única maneira de o mapa de Piri Reis ser tão preciso era por meio de inspeção aérea (aposto que você nunca pensou que eu vincularia isso aos OVNIs, pensou?). Ora, quem tinha a capacidade de fazer uma investigação aérea 6.000 aos atrás?

Francine, assim como minha própria capacidade mediúnica, me informa que o mapa foi desenhado na verdade cerca de *12.000* anos atrás por extraterrestres da galáxia de Andrômeda, que o deram depois aos atlantes. De lá, terminou na Biblioteca de Alexandria, e as cópias foram transferidas antes que a biblioteca fosse incendiada.

Agora, eis outra surpresa: o mapa de Piri Reis não foi o único a utilizar os antigos esquemas alienígenas; em vez disso, parece que os mapas foram feitos por toda a Terra em tempos muito antigos com precisão incomum. Por exemplo, foram descobertos mapas do século XIV que mostram a Groenlândia sob sua capa espessa de gelo; outros mostram uma faixa de terra que liga o Alasca a Sibéria, coberta pela água desde o fim do período glacial; e descobriu-se que um documento cartográfico, copiado de uma fonte mais antiga e entalhado numa coluna de pedra na China, datava de 1137.

Todos esses documentos ostentam uma precisão que não poderia ser conseguida na época em que foram desenhados, já que todos parecem que utilizaram a trigonometria esférica. Os estudiosos agora acreditam que foi feito um mapa antigo da Terra inteira e que esses outros mapas são apenas segmentos dessa cartografia alienígena.

AS LINHAS DE NAZCA

Ao sul do Peru fica a *Pampa Colorada*, que significa "Planície Colorida" ou "Planície Vermelha", lar de outro mistério (juntamente com as pedras de Ica, das quais tratamos no capítulo anterior). Nessa região desértica existem mais de 300 linhas e figuras, algumas na forma de plantas e animais. Foram feitas com a remoção das pedras do platô e a exposição terra de cor mais clara embaixo. A criação se deu com óbvio cuidado, mas eis o cerne da questão: só se podem distinguir essas imagens do alto!

Os cientistas dizem que o antigo povo nazca construiu essas linhas, mas ninguém sabe por quê ou como o fez com tamanha precisão. Existem linhas retas que correm por quilômetros, cruzam as planícies, em forma de pássaros, triângulos, espirais, retângulos, linhas onduladas. Essa coleção de miríade de marcas cobre centenas de hectares, e algumas linhas parecem mesmo ter sido percorridas como "estradas" por grandes grupos de pessoas. Pesquisadores se perguntam

Segredos e mistérios da humanidade

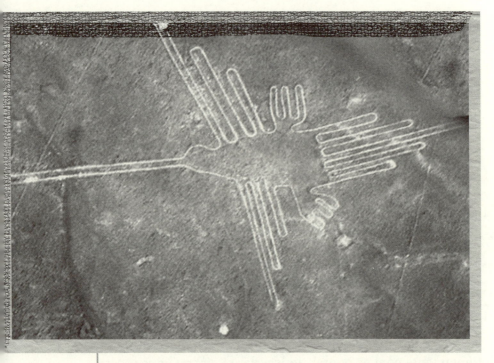

Foto aérea do pictograma nazca representando um beija-flor.

se eram antigos deuses, padrões de constelações, indicadores de estrelas ou mesmo um mapa gigantesco. Alguns especulam até que uma das figuras, uma aranha gigante, é, na verdade, uma representação da constelação de Órion.

A civilização nazca é pré-incaica; contudo, as linhas são um complicado pictograma multifacetado. Francine afirma que não deixam também de ter um toque de extravagância, da mesma forma que um artista gráfico criaria numa tela de computador. Disse que as linhas e as configurações geométricas são muito semelhantes a círculos de colheita (do que falarei daqui a pouco): mapas de estradas astronômicas para a estrela ou galáxia de onde esses visitantes vieram.

Ao longo da costa do Pacífico há um tridente gigante ou candelabro que aponta na direção da *Pampa Colorada*; mais ao sul há uma montanha chamada Sierra Pintada, também coberta de pictogramas. Esses locais não eram apenas marcos de sinalização – eram feitos também para mostrar que existe um ser supremo, uma força criativa real que supervisiona tudo neste planeta, vinda de outros sistemas estelares. Além disso, cerca de 1.400 km ao sul da *Pampa Colorada* há um pictograma da maior figura humana no mundo, vestido no que parece um traje espacial. Chamado de "Gigante de Atacama", estende-se por mais ou menos 120 m de altura e tem linhas semelhantes às de nazca a circundá-lo. O gigante é uma representação do suposto comandante dessa missão à Terra... tal como deixamos nossas pegadas e a bandeira na lua.

Histórias pictográficas também foram descobertas em desenhos em cavernas ao redor do mundo. Outras pinturas, tais como aquelas encontradas nas antigas tumbas do Egito, mostram o dia a dia naquele período de tempo. Seja lutando ou cultivando, nossos antigos ancestrais extraterrestres queriam nos deixar um registro de como era sua vida. Não creio que seja em nada diferente de enterrar uma cápsula do tempo para as futuras gerações descobrirem. Como os incas e os maias, e especialmente os egípcios, nossos vizinhos do espaço deixaram-nos um livro de pinturas – um sobre o qual ainda discutimos, embora seja flagrantemente simples.

Temos pirâmides, círculos de colheita, linhas nazca, textos antigos em sânscrito sobre máquinas voadoras e armas devastadoras, incidente de Roswell, Área 51, milhares de fotos de OVNIs, relatos de abduções, mapa de Piri Reis e uma superabundância de outros artefatos, entalhes e descobertas arqueológicas numerosas demais para mencionar – não sei do que mais precisamos como prova para nos convencer de que não estamos sozinhos. Por que é assim tão

Segredos e mistérios da humanidade

"místico" acreditar que somos ajudados por residentes de outro planeta que nos auxiliaram a começar e ainda voltam para nos monitorar?

O mecanismo de Anticítera

Em 1900, mergulhadores gregos encontraram os destroços de um navio naufragado na região da ilha de Anticítera, a uma profundidade aproximada de 45 metros. Recuperaram estátuas, cerâmica e joias, mas, como se comprovou, o maior achado de todos foi o de alguns poucos blocos esverdeados corroídos com um mecanismo semelhante a uma engrenagem. O "mecanismo de Anticítera", como é chamado pelos cientistas, foi encontrado num navio datado como sendo de cerca do ano de 87. Isso faria com que o mecanismo de Anticítera tivesse pelo menos 2.000 anos de idade. Ainda mais impressionante é que, até o presente, é o mecanismo mais complexo dessa idade que já foi algum dia encontrado.

A princípio, o mecanismo parecia ser uma máquina semelhante a um relógio, mas, depois de exames mais detalhados, descobriu-se que continha pelo menos 20 diferentes engrenagens que interagiam umas com as outras de maneira que poderia calcular o movimento dos planetas, do Sol e da Lua. Derek Price, o falecido historiador de ciência da Universidade de Yale, foi um dos primeiros a estudar o dispositivo em profundidade, e concluiu que nada como esse instrumento fora preservado em algum outro lugar; na verdade, nada comparável a ele foi nem sequer mencionado em nenhum texto ou literatura científica antiga. Price chegou a afirmar que, a partir do que era conhecido pela ciência no Período Helenístico, o dispositivo não deveria nem mesmo existir.

Muito do material escrito deixado pelos antigos gregos mostra que eles tinham grande proficiência filosófica e genia-

Sylvia Browne

lidade matemática, mas mesmos os mais complexos dispositivos mecânicos descritos pelos escritores gregos antigos, tais como Heron de Alexandria e Vitrúvio, continham somente engrenagens básicas. Os gregos utilizavam esse conhecimento de engrenagens para projetos relativamente simples, como moinhos movidos a água ou taxímetros (que mediam a distância que uma carruagem viajava – muito semelhante aos nossos modernos hodômetros).

Não se tinha a informação até a descoberta do mecanismo de Anticítera, de que os gregos antigos pudessem ter de fato conhecimento sobre uma tecnologia de engrenagem mais complexa e utilizá-la. De acordo com diversos relatórios, o mecanismo tinha muitos mostradores e pelo menos 20 engrenagens; instruções em grego encontradas em sua caixa explicavam como o instrumento funcionava. Há numerosas inscrições nas engrenagens, algumas das quais numeradas, para mostrar como se localizavam as peças, juntamente com a orientação sobre como reconstruir o mecanismo.

Conforme o instrumento foi limpo, os cientistas tiveram condições de examinar mais atentamente o que era e como fora montado – e perceberam que o dispositivo era ainda mais complexo do que imaginaram. Derek Price concluiu que o mecanismo de Anticítera era utilizado para prever a posição do Sol e da Lua em qualquer data; novos estudos científicos concluíram que ele estava correto, mas sua explicação não foi além.

Evidentemente, um aparelho de inserção de dados tal como um eixo ou uma maçaneta giratória conecta-se a uma engrenagem de coroa que controla as funções de outras engrenagens no mecanismo, invertendo as engrenagens, quando necessário, para obter os cálculos desejados. Mostradores do lado de fora da caixa-invólucro mostram o zodíaco, o Sol e a Lua e os cinco planetas: Mercúrio, Vênus, Marte, Saturno e Júpiter. Era basicamente um computador-calendário astronômico. As engrena-

Segredos e mistérios da humanidade

gens giravam anualmente para indicar as diferentes posições dos planetas, da Lua e do Sol nos meses e dias do ano. Os gregos utilizavam possivelmente esse dispositivo para navegação, festivais, épocas de plantio ou apenas por puro conhecimento científico; era o precursor dos relógios de hoje em dia.

O sr. McBride, um de meus colegas e professores, gostava de dizer: "Meninas, não há nada novo sob o Sol..." – e, quanto mais eu pesquiso, mais acho que isso é verdade. Existem até mesmo dados históricos preservados em Oxford que mostram que há um computador-calendário islâmico movido a engrenagens do século XIII que informa os ciclos do Sol e da Lua; entretanto, nada parece tão sofisticado como o mecanismo de Anticítera. Creio que seja porque o dispositivo era também um produto dos alienígenas de Andrômeda. Os seres humanos simplesmente não tinham os recursos ou meios necessários para criar todas aquelas engrenagens imprescindíveis que informavam onde estavam os planetas. Contudo, uma inteligência superior que não fosse deste mundo poderia – e o fez.

17
As pirâmides e a Esfinge

Estive no Egito cerca de dez vezes com meu ex-marido, mas muitas dessas viagens foram feitas com centenas de pessoas que podem validar o que eu disse lá (e o que direi aqui).

Antes de irmos adiante, contudo, eu gostaria de contar uma história sobre algo que aconteceu mais ou menos 30 anos atrás. É mais importante do que qualquer um pode imaginar, porque o que decorreu desse episódio único colocou-me numa trilha que até mesmo eu, mediunicamente, jamais poderia imaginar, pelos efeitos de longo alcance que teria.

Na época, eu fazia leituras para pessoas, mas também realizava sessões de hipnose em clientes com dependência. (Estudei com o dr. Royal na Universidade de Kansas City e também fiz cursos de hipnose com Gil Boynes, um famoso instrutor.) Eu estava em meu pequeno escritório em Campbell, na Califórnia, quando chegou um cliente para a sessão de hipnose para redução de peso. Comecei a serená-lo quando, de súbito, ele ficou

Segredos e mistérios da humanidade

muito entusiasmado, o que em hipnose significa que faria o que eu quisesse e iria aonde eu desejasse. *Sendo paciente*, pensei, *ouvirei e depois o trarei de volta para a programação de peso.*

Meu cliente começou a falar com uma voz estranha, num dialeto de som bizarro. Eu disse:

– Por favor, fale em inglês. Não entendo o que diz.

Ele obedeceu, mas, a princípio, eu ainda não sabia o que ele dizia. Eram coisas como: "Eles são tão idiotas, não sabem como fizemos aquelas pedras imensas se assentarem perfeita e simetricamente umas da outras".

Eu finalmente indaguei:

– Onde você está?

Ele pareceu quase ofendido quando retrucou:

– Estou no Egito.

Oh, maravilha!, pensei. vovó Ada, que era uma médium preparada, acreditava em vidas passadas, mas, naquela época, eu estava "em cima do muro". Sentia que tínhamos provavelmente vivido antes, mas o aqui e o agora eram o meu forte. Contudo, fiquei intrigada, e então perguntei a meu cliente se ele observava o que acontecia e como era feito.

Ele imediatamente se saiu com esta:

– Usávamos pistolas antigravidade a partir de enormes espaçonaves que depois partiam e, em segundos, fazíamos que uma pedra dessas fosse instantaneamente colocada no topo da outra.

Ele continuou, afirmando que as pedras continham marcas impressas de conhecimento, muito semelhantes a uma biblioteca.

Quando tirei meu cliente do estado hipnótico, perguntei-lhe se poderia ficar com sua fita durante uma semana – algo que nunca faço –, e ele disse: "Claro". No dia seguinte, levei a fita ao professor de Ciências das Línguas Antigas na Universidade de Stanford. Quando a deixei lá, pensei comigo mesma: *Ora, tudo bem, já fui chamada de maluca antes.*

No dia seguinte, recebi uma ligação de um dr. Schmidt:

– Onde conseguiu isso? – Quando lhe contei, ele exclamou: – Posso assegurar a você que esse homem fala num dialeto muito antigo.

Os cabelos de minha nuca se eriçaram. Como poderia meu cliente – um jovem trabalhador da construção civil, louro e de olhos azuis, que apenas desejava perder alguns quilos – conhecer um dialeto antigo? Nada em seus genes ou em sua vida teria lhe dado acesso a esse conhecimento.

Depois desse episódio, sempre que me deparava com alguém que se entusiasmava e viajava para uma vida no Egito, eu perguntava se sabia algo sobre as pirâmides. Sem falta, eles todos vinham exatamente com a mesma história – de que aqueles objetos cilíndricos usavam uma pistola para mover as pedras para o lugar. Convenci-me de que havia pelo menos uma pitada de verdade ali quando pessoas de diferentes culturas, épocas e sexos começaram a me contar a mesma coisa.

Tudo isso, é claro, levou-me para o caminho das regressões de vidas passadas, o que foi abordado em meu livro *Vidas passadas, curas futuras* (Ed. Nova Era, 2007). Tornei-me uma crente em vidas passadas porque, para mim, faz todo o sentido que Deus nos dê mais de uma ou duas chances de nos aperfeiçoarmos perante Ele.

A Grande Pirâmide

Não consegui visitar o Egito até 1983, e a primeira coisa que percebi foi que o país transborda espiritualidade, o que as pirâmides representam especialmente. Adoro uma das mais antigas, a pirâmide em degraus em Sacara, porém nada se compara à grande pirâmide de Quéops (ou *Khufu*, como é chamada às vezes) no planalto de Gizé.

Aqui estou eu nas pirâmides.

Acredita-se que a grande pirâmide tenha 4.500 anos, embora alguns aleguem que na verdade pode ter 10.000 – depende de qual cientista se escute. (Meu espírito-guia Francine afirma que as marcas d'água mostram que ela foi construída há 12 mil ou 15 mil anos.) Existe até mesmo uma teoria sobre as pirâmides de Gizé como sendo alinhadas como o "cinturão" na constelação de Órion – na verdade, cálculos matemáticos comprovam que o período em que as pirâmides se alinharam perfeitamente com essa constelação aconteceu por volta de 10.000 a 12.000 a.C.

Quando você se posta à sombra da Grande Pirâmide, ela literalmente lhe tira o fôlego. Fiquei embasbacada quando parei ali pela primeira vez, mais de 20 anos atrás – e absolutamente convencida de que nem mesmo milhares de trabalhadores labutando a vida inteira poderiam cortar, içar e colocar aquelas pedras por eles mesmos. Para que a Grande Pirâmide fosse construída como um egiptólogo diz que foi, as pedras, cujo peso é de 2,5 toneladas cada uma, precisariam ser colocadas numa velocidade de uma a cada 45 segundos, o que é simplesmente impossível.

Cientistas tentaram fazer raios X (na falta de uma palavra melhor) por meio do som da Grande Pirâmide, e, a cada vez, chegaram a uma resposta diferente. Francine afirma que o conhecimento posto ali por uma inteligência maior que a nossa fica preso dentro das pedras, e tudo será revelado num futuro não tão distante. Um amigo muito próximo, o dr. Zahi Hawass (a quem mencionei antes), diz que não concorda comigo, mas adoramos um ao outro do mesmo jeito. Minha opinião é de que, se *concordasse* comigo, sua posição como Secretário-Geral da Suprema Corte de Antiguidades do Egito poderia ficar em risco. Eu, por outro lado, nunca fiquei intimidada em face da ciência, da religião, da filosofia ou daquilo que você tenha. Tudo o que digo *sei* de todo o meu coração e alma, e só peço aos outros que escutem e acreditem no que quiserem.

Depois de observar a Grande Pirâmide por um longo período daquela primeira vez, resolvi entrar nela, e era quente como um forno. Conforme comecei a subir os degraus do grande salão (que são retos), eu suava e estava prestes a me maldizer por ser tão estúpida a ponto de me meter naquilo – principalmente por estar em plena menopausa e sentir bastante calor na maior parte do tempo! Embora eu não me divertisse nem um pouco, olhava para as paredes que se alinhavam pelas escadas da Grande Galeria quando, para minha surpresa, imagens claras como o dia começaram a se formar. Estou convencida de que essas imagens costumavam estar lá porque, mesmo sob a luz difusa, pude detectar seus contornos esmaecidos. É semelhante a quando você se prepara para pintar e não percebe como suas paredes estão sujas até que tira um quadro delas.

Segredos e mistérios da humanidade

As pinturas tomaram forma: cada uma representa, em belas cores, um parto, um jovem adolescente que parecia fazer os votos de casamento, uma família de pé, unida, um grupo trabalhando num campo ou sentado em círculo, uma pessoa de pé em prece (parecia Ísis), um velho que andava apoiado em um cajado, e um sarcófago.

Oh, meu Deus, pensei, *isto não é realmente uma tumba – é um símbolo da ascensão do homem através de sua existência!* Isso explica, de maneira lógica, por que nunca encontraram nenhuma múmia enterrada na Câmara do Rei ou da Rainha. Também me fez lembrar o antigo enigma da Esfinge: "O que caminha sobre quatro pernas de manhã, duas de tarde e três à noite?". A resposta, é claro, é o homem. Um bebê engatinha de quatro, um jovem caminha sobre duas pernas e uma pessoa de idade utiliza uma bengala.

Conforme o grupo subiu mais, chegamos a um lugar onde o teto era tão baixo que quase nos obrigava a rastejar. Depois de passarmos arqueados, entramos na Câmara do Rei, onde apenas o sarcófago aberto nos encarava. *Renascimento,* considerei. *O sarcófago aberto significa o renascimento. Subimos pela vida, através dos bons e maus tempos; seguimos em frente, não importa quanto possa ser difícil; então renascemos até nossa morte final aqui na Terra – ponto em que somos liberados para ir para o Outro Lado. Este é um verdadeiro templo de veneração e conhecimento,* pensei, e Francine disse:

– Muito bem! Agora você entendeu o espírito da coisa.

Ela tem sorte de que eu a ame... às vezes parece haver um toque de condescendência e sarcasmo em seu tom (claro que sei que é o jeito como aceito isso). Não é sempre que me sinto assim, mas, sentindo calor, cansada e suando profusamente, eu não estava com bom-humor para levitar.

– Pra você é fácil – retruquei. – Não precisa passar por isto!

Desci, sentindo-me de repente tão vibrante e energizada – principalmente depois de ter ficado na Câmara do Rei com o sarcófago, que reverberava enormemente com energia psíquica positiva, pensamentos, canções, rituais e preces. Mais tarde naquela noite, dei uma palestra sobre minhas impressões mediúnicas do local para todos os que foram à Grande Pirâmide comigo, como fiz muitas vezes desde então. Foi incrível como tantos outros sentiram e viram o mesmo que eu (sei que isso é verdade porque vi alguns tomarem notas, que depois compartilharam comigo quando terminei de falar).

Não obstante aquilo que você acredita, a Grande Pirâmide é um lugar místico, e ninguém jamais sai dela sentindo-se o mesmo. Depois de todas as viagens que fiz para lá, tenho um arquivo com centenas de relatos de pessoas com as experiências de mudança de vida que tiveram. Alguns companheiros que levei comigo obtiveram até mesmo curas físicas na Câmara do Rei. Em minha primeira vez no Egito, como mencionei antes, levei cerca de 80 pessoas, mas, em minha viagem seguinte, levei 275, muitas das quais experimentaram grandes curas. Veja Nan, por exemplo:

Tive cefaleia durante 20 anos, mas, depois de descer na Câmara do Rei, não tive sequer uma dor de cabeça desde então.

Bill observou:

Durante 37 anos, levei uma vida de torturada depressão. Depois de visitar Quéops, nunca mais fiquei deprimido novamente.

De forma ainda mais dramática, Susan escreveu:

Eu sofria de uma artrite tão dolorosa que, ao subir até a Grande Galeria, pensei que simplesmente morreria..., mas, na descida, eu não tinha dor alguma e não tive desde então.

Segredos e mistérios da humanidade

Aconteceram até mesmo mudanças psicológicas mais profundas nessas viagens, conforme algumas pessoas visualizaram suas vidas passadas e até descarregaram antigos ressentimentos ou sofrimentos de traição. Houve pelo menos sete rompimentos de casamento – inclusive o meu. Acredito que a Esfinge e as pirâmides do Egito nos espelham favorável ou desfavoravelmente, refletindo a nós mesmos. Ao todo, levei cerca de 700 pessoas ao Egito e pelo menos dois terços voltaram mudados e com uma sensação de espiritualidade mais profunda (mesmo que nem todas as experiências sejam tão dramáticas como a de Nan, Bill ou Susan).

Creio verdadeiramente que, de alguma forma, como mencionei antes, existe conhecimento naquelas pedras. Quero dizer, se toda natureza, inclusive a nossa, carrega uma memória celular, por que não poderiam as pedras carregar informações que algum dia teremos condições de acessar?

Sempre sorrio quando vejo quanto algumas pessoas são presunçosas com relação à nossa tecnologia, especialmente quando nem arranhamos ainda a superfície da sabedoria antiga. Não sabemos como preservar corpos como os antigos egípcios faziam. O interessante é como muita gente que vive hoje em dia teve uma vida passada no Egito. (O mesmo é verdade para a Lemúria e a Atlântida.) Já que a África é a sede do início da maioria de nossas vidas na Terra – ou, pelo menos, de uma vida ou duas escalas de viagem, principalmente para aqueles que estão à procura de conhecimento das antigas crenças espirituais –, imagino que isso faça sentido.

As três pirâmides postadas numa fila na planície de Gizé – uma maior (o pai), uma menor (a mãe) e outra menor ainda (o filho) – são a trindade de pé no deserto. Embora nenhuma joia ou tesouro fosse encontrado ali, os edifícios que se erguem mostram à humanidade algo bem mais precioso: que nossas provas e tribulações levam à nossa ascensão. Na verdade, em

144

1954, na base da Grande Pirâmide, o arqueólogo Kamal el-Mallakh descobriu aquilo a que agora se referem como um "barco solar", que pretendia ser utilizado pelos faraós para atravessar os céus. Como poderiam saber que alguma coisa (ou *alguém*, no caso) poderia voar com um objeto semelhante a um barco, a menos que o tivessem visto?

A ESFINGE

O próximo local sagrado que explorei foi a Esfinge. Parece que todo cientista no mundo tem sua opinião sobre o que aquela face representa. Não creio que sejam as feições de uma pessoa. Em primeiro lugar, a Esfinge é a guardiã do templo (a Grande Pirâmide), e simboliza a eternidade da humanidade que sobrevive e olha vigilante para o deserto da vida; além disso, considere que muitos dos deuses egípcios eram parte humanos e parte animal.

Creio que isso era para mostrar como os humanos poderiam "metamorfosear-se" num tipo de totem, para assumir as qualidades de animal *e* humano e combinar as duas, desde a coragem à inteligência ou à força. Isso, claro, poderia então tornar uma pessoa mais semelhante a um deus – algo bastante parecido com nossos santos cristãos ou mesmo com o próprio Jesus sendo chamado de "cordeiro de Deus".

Francine soltou uma bomba quando me contou que a Arca da Aliança está enterrada debaixo do que restou da Esfinge. (Afinal, que lugar melhor para esconder a Arca que sob a Esfinge, onde ninguém pensaria em procurar por ela?) Já que a Arca foi feita de madeira e ouro, conduzia algum tipo de corrente elétrica porque alojava muitos segredos sobre a vida e como deveria ser vivida. Continha até mesmo os projetos de como a Esfinge e as pirâmides do Egito foram construídas – quase uma pequena biblioteca de referência.

Aqui, estou fazendo uma palestra na base da Esfinge.

Embora eu não tivesse nenhum problema com as informações que recebi na Grande Pirâmide, fiquei realmente com algumas preocupações quanto ao fato de a Arca estar sob a Esfinge. Contudo, quando voltei com meu maravilhoso amigo Abass Nadim (que, Deus o ama, está agora do Outro Lado – e isso é uma história por si só), em 2001 e 2002, o dr. Zahi Hawass disse a Abass e a mim que alguns egiptólogos começavam a investigar a área sob a Esfinge e que encontraram um espaço escondido, mas havia algum problema ou confusão diplomática que retardava a escavação.

Abass disse:

– Sylvia, o fato de você saber que havia uma sala sob a Esfinge é notável, principalmente quando ninguém até então acreditava que houvesse alguma coisa lá.

Algum dia, sei que encontrarão a Arca ali. Quem sabe as tábuas estejam dentro dela, porém, mesmo que não estejam, estou convencida de que há evidências suficientes para comprovar sua autenticidade – e esta teoria.

OUTRAS PIRÂMIDES E TUMBAS

Cerca de 1.600 km ao sul do Cairo, no Sudão dos dias atuais, estão as pirâmides núbias. Há duas vezes mais pirâmides no Sudão do que no Egito (cerca de 180). Os núbios até mesmo governaram o Egito uma vez, durante 60 anos. Suas pirâmides foram chamadas, o que é bastante interessante, de "máquinas de ressurreição", e eram utilizadas como sepulturas por seus reis e nobres.

Existem indicações de que os extraterrestres deram "uma mãozinha" a culturas do Egito e da África. (Isso também faz sentido quando se descobre uma cultura como a da tribo Dogan, em Mali, que não contava com telescópios, mas sabia muito sobre Sírio, ou Canícula, e suas estrelas circundantes – e alegam que seus deuses vieram de lá também. Como uma tribo supostamente tão "primitiva" saberia sobre uma estrela distante a menos que alguém viesse dos céus para lhes mostrar?)

Francine afirma que, se você olhar para um mapa, verá que as pirâmides formam um triângulo desde as selvas do Iucatã, no México, até o Peru e Gizé; eram também utilizadas como um tipo de estação telegráfica. Afirmou ela que, no início, todas as pirâmides tinham cristais no topo (que erodiram com o tempo), e que era assim que o povo antigo se comunicava.

Acho incrível que essas culturas, separadas por continentes, construíssem edifícios semelhantes. Como saberiam fazê-lo a menos que houvesse uma inteligência que os instruísse? Em *Eram os deuses astronautas?*, Erich Van Däniken mostra o que afirma parecer o entalhe de um homem usando um capacete espacial diante de um painel de controle.

Esse entalhe foi encontrado na tampa de pedra do sarcófago do grande rei maia Pacal, e pode ser visto nas ruínas da antiga cidade maia de Palenque, no México dos dias atuais. Sua sepultura foi encontrada dentro de um templo em forma de pirâmide e foi a primeira tumba encontrada em uma pirâmide maia. Os arqueólogos começaram a decifrar o entalhe, que dizem que representa a ida de Pacal para a vida após a morte. Acreditam que uma árvore no plano de fundo da gravação simboliza a Via Láctea, com Pacal em toda a sua glória seguindo rumo a ela em seu veículo celestial.

Mais uma vez os cientistas relutam em admitir que há, na verdade, uma espaçonave representada nesse entalhe. Eu lhe pergunto o que, nos velhos tempos, poderia possuir um antigo maia para levá-lo a representar alguém com uma bolha em sua cabeça sentado diante do que parece um painel de controle num veículo celestial com fogo saindo sob a nave. Eu poderia compreender imagens de sega e colheita de milho, de bois sendo puxados e assim por diante, mas nunca algo tão sofisticado como esse entalhe. E, mais uma vez, vemos diferentes culturas que supostamente não tinham nenhum conhecimento da construção com técnicas e projetos semelhantes. *Devia* haver algum mensageiro ou cultura do espaço exterior que mostrasse a esse povo primitivo como construir edifícios tão complexos.

É também interessante observar que vários servos foram enterrados com Pacal, da mesma forma como os servos eram enterrados com os núbios e os egípcios. Além disso, uma escavação recente de múmias incas no Peru encontrou-as tão preservadas quanto – se não ainda mais – as múmias egípcias, sendo a vida após a morte a razão principal para sua mumificação. Muitas das múmias foram enterradas juntas ou em estreita proximidade. Sem lançar a isca muito longe, se Jim Jones conseguiu convencer mais de 900 pessoas a morrer com ele na Guiana, por que não poderia um líder conseguir que seu povo não apenas lhe construísse uma tumba porque ele era um "deus", mas também morresse e fosse enterrado com ele?

Nunca prestei muita atenção a essas flagrantes semelhanças até que comecei a pesquisá-las; quando o fiz, fiquei boquiaberta mais de uma vez. (Mesmo que você não aceite nada disso, é uma leitura maravilhosa e uma grande lição de história.) Considere o seguinte:

– Na China, em 1974, ao cavar um poço, um lavrador encontrou milhares de guerreiros esculpidos em terracota enterrados numa imensa catacumba subterrânea. Cientistas determinaram que esses guerreiros guardavam a sepultura de um antigo imperador que estava dentro da tumba. Lá dentro, encontraram não apenas milhares desses guerreiros belamente construídos, mas também um monumento elaborado com rios de mercúrio e até mesmo "estrelas" feitas de pérolas nos céus acima da câmara funerária. Tiveram receio de escavar mais, temendo danificar o local e a bela tumba.

– No Egito existem muitas tumbas, não apenas no Vale dos Reis, mas também ao redor de Amarna, que era a capital do país, fundada por Aquenáton e onde sua tumba supostamente está localizada. (Aquenáton, para aqueles que não sabem, foi o faraó que introduziu o monoteísmo entre os egípcios.)

Embora a tumba de Aquenáton tenha sido descoberta, ainda não há evidência de que seu *corpo* foi recuperado, pois a tumba se encontrava parcialmente incompleta – apesar de alguns cientistas crerem ter encontrado seus restos e os de sua família, outros se mostram profundamente céticos, pois o corpo é o de um homem jovem. Até os dias de hoje, a maioria dos cientistas acredita que Aquenáton não foi encontrado. Menciono esses sepulcros porque as

Segredos e mistérios da humanidade

pirâmides sempre foram associadas a tumbas – no entanto, há evidências vindo à luz de que as pirâmides não eram utilizadas apenas para sepultamento.

– Outra semelhança que joga lenha na fogueira da influência extraterrestre está na construção efetiva desses imensos edifícios em diferentes partes do mundo. Os métodos de construção incas e maias têm grande semelhança, principalmente na colocação de pedras, que são tão próximas que nenhum cimento é necessário, e, no tamanho delas, que alcançam múltiplas toneladas em peso.

No artigo "Egyptologists: it is time to prove your claims" [Egiptólogos: é hora de comprovar suas alegações] (publicado no site www.world-mysteries.com), o jornalista investigativo independente Will Hart declara que os egiptólogos manifestam fixações irracionais e anticientíficas de que os antigos construtores egípcios extraíam das pedreiras, transportavam, içavam, poliam e posicionavam precisamente blocos de pedra pesando de 50 a 200 toneladas. Afirma que o problema reside no fato de não ser comprovado que as ferramentas e os métodos primitivos que se acreditava que os construtores utilizaram fossem apropriados para a tarefa. Na verdade, diversas tentativas bem documentadas durante os últimos 30 anos fracassaram em copiar o que os antigos construtores egípcios alcançaram. Devemos também nos dar conta aqui de que certamente conquistamos a tecnologia para construir prédios gigantes e pontes enormes, mas parece que não conseguimos duplicar uma pirâmide.

Conforme o sr. Hart explica, nos anos 1970 uma equipe japonesa custeada pela Nissan tentou construir um modelo em escala de um terço da Grande Pirâmide, utilizando os métodos que os egiptólogos alegavam que os antigos enge-

150

nheiros empregaram. A equipe japonesa não conseguiu duplicar uma única etapa do processo; na verdade, não pôde duplicar *nenhuma* etapa sem maquinário moderno, e, mesmo assim, fracassou miseravelmente. O fracasso mostrou que as ferramentas e os equipamento simples que supostamente eram utilizados pelos antigos humanos não poderiam ter construído as pirâmides.

A equipe voltou a tentar erigir um obelisco nos anos 1990, novamente utilizando os instrumentos e equipamentos rudimentares que os egiptólogos alegam terem feito o trabalho. (O maior obelisco no Egito pesa aproximadamente 400 toneladas, mas os japoneses resolveram erigir um que pesasse 35 toneladas, uma diferença considerável em tamanho e peso.) Em primeiro lugar, falhou em entalhar seu obelisco usando os martelos de dolomita que os cientistas creem que os egípcios utilizavam – a equipe japonesa entalhou o dela utilizando um buldozer; segundo, não conseguiu usar um barco para o transporte, fazendo uso de um grande caminhão (você pode ver como a coisa foi); finalmente, tentou erguer o obelisco no lugar e fracassou.

Para sermos justos, essa mesma equipe voltou vários anos depois, e, eliminando as primeiras duas etapas, de extração e transporte das pedras, conseguiu colocar o obelisco de pé depois de duas tentativas. É suficiente dizer que eles comprovaram um ponto: esses monumentos não foram construídos pelos antigos egípcios com suas ferramentas rudimentares.

Cientistas, engenheiros e egiptólogos coçaram a cabeça, admirados, quando se viram frente a frente com o problema de como esses edifícios gigantescos foram construídos. Muitos deles agora surgem com teorias alternativas, porém, mais uma vez, a grande maioria ainda pensa que os antigos egípcios fizeram as edificações com cinzéis de pedra e martelos, cordas, milhares de escravos subindo as rampas, e assim por diante.

Parece que ninguém quer ser corajoso ou honesto o bastante para dizer: "Não sei", ou: "Talvez possa ter sido construído por uma inteligência superior". Afinal, supõe--se que Deus sempre tenha vivido no céu, portanto poderia ser possível que a razão dessa teoria originada (além do fato de que Ele está sempre ao redor de nós) seja porque essa Inteligência Superior desceu?

O sr. Hart é um sujeito pra lá de controvertido, mas se aferra a suas armas e diz que temos dificuldade em mover blocos de pedra de 300 toneladas hoje em dia – mesmo com toda a nossa tecnologia – e que "podemos muito bem acreditar [que os antigos egípcios] utilizavam teletransporte". Também insinua que muitos egiptólogos de hoje não confessam o que sabem ou não sabem por causa de pressões sociais, políticas e científicas.

Parece que aqueles que questionaram as teorias populares ou foram banidos ou chamados de fraudes completas. Foi esse o caso de Michael Cremo, que compilou um documentário controvertido desafiando a construção das pirâmides do Egito. Quando seu filme foi ao ar, a NBC viu-se inundada com telefonemas de cientistas que o chamavam de uma impostura completamente anticientífica.

A dra. Virginia Steen-McIntyre foi outra dissidente que apresentou dados controvertidos que não diferiam daqueles de Hart e Cremo. Foi solicitada a retratar-se de suas informações, e, quando se recusou, perdeu seu emprego numa universidade americana. Os cientistas de hoje em dia são muito parecidos com os médicos – isto é, suas organizações detêm muito poder para suprimir novas informações e verdades, e Deus os ajude se tentarem ir contra o sistema, mesmo que tenham as melhores intenções em prol da ciência e credenciais impecáveis.

Não obstante, *qualquer um* pode ser um pesquisador ou mesmo um cientista. Você não precisa ter iniciais depois de seu nome para aparecer com um processo ou teoria – apenas registre os fatos até obter, por assim dizer, mais *nãos* que *sins*, ou vice-versa. Por exemplo, no artigo de Will Hart, ele lançou um desafio aos egiptólogos para que comprovassem sua teoria longamente sustentada de como as pirâmides foram construídas. Declara:

> Isso levanta a questão da Grande Mentira e de como foi promovida durante gerações, diante de Deus e de todo mundo. A controvérsia em torno de como foi construída a Grande Pirâmide é um exemplo. Poderia ser facilmente esclarecida se os egiptólogos quisessem resolver a disputa. Um simples teste poderia ser projetado e arranjado por engenheiros imparciais, o qual ou comprovaria ou refutaria sua contestada teoria existente há tanto tempo – de que foi construída utilizando as ferramentas e os métodos primitivos da época, cerca de 2.500 a.C.

Alguns tentaram e fracassaram em fazer justamente isso, o que nos deixa com o que observamos e documentamos muitas vezes... Não, não sou uma cientista, nem afirmo ser, mas *sou* uma pesquisadora que acredita, sem sombra de dúvida, que as pirâmides em Gizé foram construídas por seres de outra galáxia com muito mais conhecimento do que alguma vez possuímos. Francine afirma que esses seres são de Andrômeda – o que podem muito bem ser, mas, sejam de lá ou de outro sistema estelar, creio firmemente que ninguém neste planeta construiu essas estruturas por si. Na verdade, acredito que as visitas do espaço eram comuns para o homem antigo e primitivo.

Os alienígenas interagiam com os antigos humanos porque o povo primitivo já acreditava que Deus veio do céu e, portanto, não era incomum para eles aceitar as visitas extraterrestres. Contudo, depois do advento do Deus Único, um alienígena poderia ter aparecido a Moisés num arbusto em chamas, mas

Segredos e mistérios da humanidade

isso seria o fim... a não ser para Elias, que "subiu aos céus" numa "carruagem de fogo" (2 Reis 2:11). Muitos cientistas tentaram duplicar o modo como a jornada de Elias foi descrita na Bíblia, e apareceram com uma máquina que parecia um veículo espacial, mas não souberam fazê-lo funcionar.

Creio que esses seres de inteligência superior nos trouxeram seu conhecimento espiritual, talvez até mesmo a noção de que a alma vive e vai para o céu. (Você deve compreender que os egípcios não eram verdadeiros reencarnacionistas – a razão de serem chamados assim é porque acreditavam na vida após a morte, motivo pelo qual as tumbas eram cheias de coisas de cada parte da vida do faraó, para que ele pudesse voltar e desfrutá-las. No entanto, não acreditavam que a vida continuava num círculo de renascimento como criam os hindus, os budistas e os essênios – dos quais Jesus era parte.)

Francine afirma que esses extraterrestres nos colonizaram – e me contou isso quando eu tinha mais ou menos dez anos. Eu não estava muito interessada então, mas pensei que parecia tão bom como qualquer outra coisa que eu ouvira dizer, portanto arquivei e esqueci. Mais tarde, fiquei perplexa ao descobrir que Edgar Cayce dissera a mesma coisa que Francine. Ora, como isso afeta o mapa que traçamos para nós mesmos antes de chegarmos? Não afeta: apenas mapeamos em que planeta entrar e o que precisamos aprender enquanto estamos nele. (Como adendo, Francine disse que qualquer um que chegue a este planeta é o mais corajoso dos corajosos e que aprende mais depressa que em qualquer outra parte porque este é o asilo de loucos do universo. Quanto mais velha fico, e quanto mais vejo e escuto, mais sei com toda a minha alma que isso é verdade. Mas, anime-se: isso apenas significa que aqueles de nós que escolheram vir para cá não são somente corajosos, mas também queriam graduar-se mais depressa. Espiritualmente, podemos ser um bom exemplo para todos os mensageiros, como Jesus, Buda e Maomé, que vieram até aqui para pregar amor e paz. Não quero ser negativa, mas às vezes parece que muitos simplesmente não aprenderam...)

É interessante observar que recebemos um conhecimento tão soberbo dos antigos astronautas que desceram do céu; contudo, conforme os seres humanos se tornaram mais civilizados, paramos de aceitar as visões. Veremos os alienígenas chegarem de surpresa outra vez nos próximos dez anos mais ou menos, porém, já que a humanidade terá dificuldade em aceitar isso, e pelo jeito que o mundo está, poderiam ser abatidos como terroristas. Por fim, em torno de 2050, nossos amigos celestiais começarão a trabalhar entre nós.

Creio que é hora de fechar este capítulo, embora pudéssemos pesquisar esses mistérios em particular durante anos. Porém, como eu sempre disse: pegue os fatos, leia e chegue a suas próprias conclusões – você pode simplesmente chegar às mesmas constatações que eu. Seja o que for que conclua, saiba que a região inteira que engloba as pirâmides – inclusive o povo e até mesmo a areia – parece carregar um ar místico. Aquele foi o lugar, como toda a África, onde a vida começou, e guarda seus segredos com quase um oxímoro de hostilidade amistosa. É como se soubessem que não importa o que a ciência tente provar: seus deuses não apenas vieram dos céus, mas lhes mostraram como assentar tijolos sem cimento que durassem mais que qualquer edifício que o mundo já conheceu.

Um círculo de colheita na planície de Salisbury, perto de Stonehenge.

18
Círculos de colheita

Há centenas de anos, o fenômeno do círculo de colheita reaparece periodicamente. Uns poucos anos atrás retornou às notícias graças ao filme *Sinais*, com Mel Gibson. Para ser honesta, eu costumava vacilar, indecisa se foram seres humanos ou não os responsáveis por criar aqueles círculos intricados. Muitos cientistas certamente flagraram pessoas desenhando as formas e registraram o fato com câmeras, porém, com isso em mente, olhemos para alguns dos fatos – depois você pode tirar suas próprias conclusões.

Em primeiro lugar, os círculos de colheita estão por aí há muito tempo e foram vistos em muitos países ao redor do globo. Embora sejam geralmente associados às Ilhas Britânicas (já que a maioria deles apareceu lá), os círculos de colheita

Segredos e mistérios da humanidade

também foram encontrados nos Estados Unidos, na África, na Europa, na Austrália, na América Central e do Sul, no Japão, no Canadá e na Rússia. Quase todo continente os tem de uma forma ou outra, e eles parecem ficar mais sofisticados e complexos em termos de concepção visual.

Um dos mais antigos e conhecidos relatos de um círculo de colheita está documentado numa xilogravura feita na Inglaterra em 1678, intitulada "The mowing-devil: or strange news out of hartford-shire" [O demônio ceifador: ou notícias estranhas do condado de Hartford]. Bem antes de a câmera ser inventada, essa versão representava uma criatura semelhante a um demônio cortando um determinado padrão num campo com o uso de uma foice. O texto na xilogravura conta a história de um lavrador ganancioso que não queria pagar a taxa corrente a um ceifador local e que supostamente lhe havia dito que preferiria ter o demônio para fazer a colheita. Na manhã seguinte, o lavrador acordou e descobriu que sua colheita fora ceifada – mas de uma maneira estranha, com círculos que nenhum ser humano poderia ter feito numa única noite.

Os círculos eram tão exatos e tinham uma simetria tão perfeita que o lavrador e o povo do local tiveram certeza de que fora obra do demônio. O lavrador ficou com tanto medo que nem mesmo entrou no campo para recolher a safra. (Embora essa história pareça forçada, a xilogravura existe de fato, e a reação dos personagens principais é plausível com o período histórico; afinal, qualquer coisa que não pudesse ser explicada era considerada obra do demônio.)

Alguns estudiosos de criptologia e outros cientistas levantam a hipótese de que muitos padrões de círculos de colheita são também encontrados em pedras pré-históricas e pinturas rupestres. Exemplos disso são as gravações em espiral numa pedra em Newgrange, na Irlanda (algo de Stonehenge, com alguma coisa ou alguém vindo dos céus). Outros apontam

18
Círculos de colheita

Há centenas de anos, o fenômeno do círculo de colheita reaparece periodicamente. Uns poucos anos atrás retornou às notícias graças ao filme *Sinais*, com Mel Gibson. Para ser honesta, eu costumava vacilar, indecisa se foram seres humanos ou não os responsáveis por criar aqueles círculos intricados. Muitos cientistas certamente flagraram pessoas desenhando as formas e registraram o fato com câmeras, porém, com isso em mente, olhemos para alguns dos fatos – depois você pode tirar suas próprias conclusões.

Em primeiro lugar, os círculos de colheita estão por aí há muito tempo e foram vistos em muitos países ao redor do globo. Embora sejam geralmente associados às Ilhas Britânicas (já que a maioria deles apareceu lá), os círculos de colheita

Segredos e mistérios da humanidade

também foram encontrados nos Estados Unidos, na África, na Europa, na Austrália, na América Central e do Sul, no Japão, no Canadá e na Rússia. Quase todo continente os tem de uma forma ou outra, e eles parecem ficar mais sofisticados e complexos em termos de concepção visual.

Um dos mais antigos e conhecidos relatos de um círculo de colheita está documentado numa xilogravura feita na Inglaterra em 1678, intitulada "The mowing-devil: or strange news out of hartford-shire" [O demônio ceifador: ou notícias estranhas do condado de Hartford]. Bem antes de a câmera ser inventada, essa versão representava uma criatura semelhante a um demônio cortando um determinado padrão num campo com o uso de uma foice. O texto na xilogravura conta a história de um lavrador ganancioso que não queria pagar a taxa corrente a um ceifador local e que supostamente lhe havia dito que preferiria ter o demônio para fazer a colheita. Na manhã seguinte, o lavrador acordou e descobriu que sua colheita fora ceifada – mas de uma maneira estranha, com círculos que nenhum ser humano poderia ter feito numa única noite.

Os círculos eram tão exatos e tinham uma simetria tão perfeita que o lavrador e o povo do local tiveram certeza de que fora obra do demônio. O lavrador ficou com tanto medo que nem mesmo entrou no campo para recolher a safra. (Embora essa história pareça forçada, a xilogravura existe de fato, e a reação dos personagens principais é plausível com o período histórico; afinal, qualquer coisa que não pudesse ser explicada era considerada obra do demônio.)

Alguns estudiosos de criptologia e outros cientistas levantam a hipótese de que muitos padrões de círculos de colheita são também encontrados em pedras pré-históricas e pinturas rupestres. Exemplos disso são as gravações em espiral numa pedra em Newgrange, na Irlanda (algo de Stonehenge, com alguma coisa ou alguém vindo dos céus). Outros apontam para desenhos antigos e inexplicáveis como aqueles feitos pelo povo nazca no deserto do Peru e sugerem semelhanças entre estes e os círculos de colheita.

Existem provas de que algumas dessas configurações são representadas em desenhos egípcios muito antigos. Vi isso nas paredes de tumbas nos templos antigos em Karnak. Até mencionei a algumas poucas pessoas com quem viajei que aqueles desenhos pareciam configurações de círculos de colheita.

Sei que isso tudo parece circunstancial demais, mas, à medida que nos aprofundarmos nesses mistérios e voltarmos no tempo, observaremos um fio comum que liga todas essas informações. Como os antigos druidas apontavam para os céus, assim faziam os egípcios e até mesmo os antigos celtas – portanto, vemos o padrão que emerge: *Não estamos sozinhos.*

Passei a acreditar que os círculos de colheita são configurações geométricas e matemáticas de povos de outros planetas. Também creio que alguns deles consistem em mapas para a configuração de uma galáxia ou de um planeta de que talvez não tenhamos ciência. Alguns dos padrões quase parecem notas musicais; quem quer que os faz tenta se comunicar conosco.

Não quero pegar pesado e falar de OVNIs aqui, mas, embora muita gente tenha sido flagrada criando ou tentando duplicar círculos de colheita, existem muitos para serem descartados como fraudes – e, tal como no século XVII, é totalmente impossível para qualquer grupo de pessoas fazer esses imensos e precisos padrões numa única noite.

ALGUMAS TEORIAS SOBRE OS CÍRCULOS DE COLHEITA

Existem muitas teorias da origem dos círculos de colheita – algumas parecem lógicas, enquanto outras estão longe de ser aceitáveis de tão ridículas. Uma teoria nessa linha é a suposta

Segredos e mistérios da humanidade

hipótese de Gaia, que diz que a Mãe Terra está brava com o jeito como a tratamos, de modo que as formações são sua maneira de nos avisar que precisamos mudar o rumo. Partidários dessa teoria insistem que a maioria dos círculos está localizada perto de locais sagrados, como Stonehenge, onde as energias da terra são mais fortes. Embora eu discorde dessa teoria, é fato que muitos dos círculos de colheita *são* feitos perto de locais sagrados ao redor do mundo. Acredito que quem quer que os faz escolhe esses lugares para colocar ênfase naquilo que tenta mostrar.

Outra teoria é a do vórtice de plasma, postulada pelo dr. Terrance Meaden, segundo a qual os padrões em espiral presentes nos círculos de colheita se devem a fenômenos atmosféricos como o vórtice de um redemoinho de poeira ou tornado. Bem, sou do Missouri e já vi muitos redemoinhos de poeira e tornados, mas nunca os vi ceifar um círculo. O bom senso diz que esse tipo de tempestade violenta arranca a vida da terra, deixa um rastro de devastação e é sempre aleatório por natureza – não faz círculos perfeitos nem outras configurações, como desenhos intricados com linhas retas e curvas.

Outras teorias que obtêm boa divulgação, mas parecem não ter fundamento, são experimentos militares; escavações arqueológicas subterrâneas; e, é claro, o esteio dos céticos: fraude. Vamos examiná-las uma a uma.

1. Experimentos militares é uma boa, pois tudo que é inexplicável é agora teorizado como obra de algum grande experimento militar secreto. Use o bom senso: os círculos de colheita foram encontrados em todo o mundo, em *muitos* países – experimento militar de nenhum governo seria capaz de fazer isso. Uma conspiração por parte de vários governos? Pense de novo. Não conseguimos con-

viver no dia a dia, quanto mais desfrutar de cooperação militar com governos estrangeiros. Vete essa teoria – não é prática; não vale a pena perder tempo insistindo nela.

2. No que diz respeito à teoria das escavações arqueológicas subterrâneas, os círculos de colheita estão em muitos lugares com diferentes localizações para que isso seja pertinente. Além disso, é de certa forma absurdo acreditar que sítios arqueológicos, por mais fascinantes que possam ser, provoquem os desenhos dos círculos de colheita (os quais abordaremos um pouco mais tarde).

3. Isso nos leva às fraudes. Ora, peritos importantes em fenômenos de círculos de colheita (tais como Colin Andrews) concordam que *alguns* dos círculos foram feitos por mãos humanas – mas isso não quer dizer que *todos* foram. Na verdade, fica cada vez mais forte a evidência de que os círculos são feitos por alguma força ou inteligência não humana. Deixe-me contar a você por quê.

A teoria da fraude começou a sério no início dos anos 1990 na Inglaterra, quando Dave Chorley e Doug Brower confessaram ter feito cerca de 200 círculos em várias localidades nas Ilhas Britânicas. Os dois sujeitos sustentaram que as fizeram as configurações com tábuas e cordas, e que as fizeram pelos últimos 13 anos. A mídia engoliu isso; à medida que Dave e Doug se tornavam celebridades da noite para o dia, a imprensa imediatamente assumiu a posição de que *todos* os círculos de colheita eram fraudes construídas pelos seres humanos. Outros engraçadinhos saíram do anonimato e começaram a fazer círculos por conta própria. No meio desse circo, os verdadeiros pesquisadores foram duramente pressionados a recuar em suas

Segredos e mistérios da humanidade

próprias teorias e a tentar encaixar os círculos de colheita de volta em um genuíno plano científico.

Deixe-me parar aqui brevemente para explicar algo muito importante. Não acredite, repito, *não* creia em tudo o que ouve falar na TV, em jornais, em revistas, etc. Se acreditar, com frequência, se distanciará da verdade. Estando eu sob constante escrutínio da mídia, sei por experiência própria como a imprensa em geral comete enganos ao intervir muito depressa, sem investigação adequada. Sou amiga de diversas celebridades, e muitas delas são pesquisadoras científicas. As histórias de horror que me relatam sobre deturpação, registro incorreto de fatos e mentiras deslavadas são de cair o queixo.

Os jornalistas têm um problema enorme, que tentam, em vão, empurrar para baixo do tapete: estão nesse negócio em busca de lucro. Isso resulta em histórias divulgadas rapidamente, para garantir o "furo" e vencer a competição, o que leva a inverdades e a pesquisas medíocres. O resultado é também a fabricação de histórias, a falsificação de pinturas, citações deturpadas ou enfeitadas e uma atitude inescrupulosa generalizada.

É uma pena que a mídia tenha tamanho poder de influenciar as pessoas de tantas maneiras sem pagar por isso. As retratações são colocadas na última página do jornal ou no fim de um noticiário levado ao ar – porém, a essa altura, o estrago já foi feito. Foi esse o caso dos círculos de colheita e do furor sobre a fraude perpetuado pela mídia.

No final, os velhos Dave e Doug desmentiram a confissão depois de serem ameaçados por fazendeiros furiosos. Verificou-se que admitiram ter feito somente uma dúzia de círculos, mas já era tarde demais. Apesar do desmentido e do fato de que mais de 200 novos círculos haviam sido registrados durante os anteriores 13 anos (e muitos outros antes dessa época), a mídia deu pouca cobertura a essa parte da história. Enquanto isso, apareceram por aí muitos fazendo suas brincadeiras. O problema foi que não conseguiram duplicar os verdadeiros círculos de colheita.

Veja: quando o conjunto de fenômenos dos círculos começou, os desenhos eram bastante simplistas em natureza. Isso continuou por várias décadas; depois, inexplicavelmente, os padrões começaram a se tornar mais complexos. Essa mudança na complexidade dos círculos de colheita coincidiu mais ou menos com o furor da fraude vindo à luz. Era quase como se aqueles que realmente os fizeram estivessem decididos a provar que os círculos não foram criados por seres humanos. Muitos pensam que as criaturas verdadeiras tentam se comunicar conosco. O que se segue pode ajudá-lo a compreender por que eu acho que os círculos de colheita são feitos por uma entidade extraterrestre inteligente, e deveria ajudar a convencer os céticos por aí.

– Os círculos são descobertos principalmente em campos de cevada e de trigo, mas também aparecem em plantações de milho, aveia, canola, grama, campos de arroz, árvores, areia e até mesmo neve. Foram encontrados em mais de 70 países ao redor do mundo – muitos deles perto de sítios antigos ou sagrados. Inexplicavelmente, vários fazendeiros informaram lucros maiores (um aumento de 30% a 40%) em suas safras nos anos seguintes à aparição das formações em seus campos.

– Freddy Silva, autor, pesquisador e conferencista, escreveu um artigo chamado "So it's all done with planks and bits of string, is it?" [Então é tudo feito com tábuas e pedaços de barbantes, não?], explicando conceitos básicos sobre os círculos de colheita. Ele assegura que existem aproximadamente 10 mil círculos documentados ao redor do mundo, embora cerca de 90% deles apareceram ao sul da Inglaterra. Natu-

Segredos e mistérios da humanidade

ralmente, muitos não foram notificados. Ele teoriza que esses círculos estão agora "imitando fractais e elementos por computador que se relacionam a processos quadridimensionais em física quântica". Também afirma que o tamanho e a complexidade dos círculos de colheita aumentaram nos últimos dez anos, e que alguns têm mais de 60 km^2.

Silva diz que, em geral, os círculos encontrados nas Ilhas Britânicas são formados entre duas e quatro horas da manhã – principalmente durante as épocas do ano em que as noites são curtas e a escuridão dura cerca de quatro horas apenas. Também fala de uma estranha ocorrência da qual existe evidência fotográfica:

> Em Stonehenge, em 1996, um piloto informou não avistar nada incomum enquanto voava sobre o monumento; no entanto, 15 minutos depois, uma imensa formação de 275 m que parecia o conjunto fractal por Julia Set, compreendendo 149 círculos meticulosamente configurados, estendia-se ao lado do bem patrulhado monumento. Uma equipe de 11 pesquisadores, entre eles eu, levou quase cinco horas apenas para *inspecionar* a formação.

Em seu artigo, Silva também alega que os pesquisadores da NASA confirmaram um som tremulante artificial registrado nos locais de círculos de colheita, o que reforça o fato de testemunhas oculares declararem ter ouvido um barulho assim vindo das formações.

– Os círculos de colheita aparecem em áreas de acesso restrito severamente vigiadas. Instalações militares cercadas e patrulhadas apresentam formações, como aconteceu em 1991 na propriedade rural do primeiro-ministro britânico, guardada por tropas especiais antiterroristas.

164

– Numerosas testemunhas das formações de círculos de colheita informaram que sons e luz acompanham o processo, e alguns até mesmo viram os círculos sendo feitos em míseros 20 segundos! Alguns descreveram ainda grandes bolas de cor brilhante que projetavam um feixe de luz dourada num campo que revela um novo círculo.

Quando estive na Inglaterra, muitas pessoas me disseram estar convencidas de que os círculos de colheita não são deste mundo. Uma família de que ouvi falar – fazendeiros simples, bons, trabalhadores – levantou de manhã e se deparou com as mais intricadas formações que se poderia imaginar. A simetria era impecável, as medidas em cada área eram perfeitas em todos os ângulos. Não vejo como um ser humano (ou seres humanos) pudesse, com cordas e tábuas, elaborar uma formação tão maravilhosa... Embora equipes de voluntários tentem duplicar essas formações, simplesmente não conseguem – simples assim.

As pessoas com quem conversei disseram que, ao visitar os círculos, ficaram atordoadas. Algumas experimentaram uma sensação de euforia, outras, náusea, mas todas sentiram *alguma coisa*. Não é possível que toda essa gente (inclusive cientistas respeitados) fosse sentir esses efeitos e ainda ser acusada de ser levada por dramáticos voos fantasiosos. Os céticos não conseguem explicar por que não encontram pegadas levando para dentro ou para fora dos campos; por que todas as hastes das plantas estão inclinadas em perfeita ordem, e mesmo assim não estão danificadas; ou por que camadas altamente complexas de hastes entrelaçadas são com frequência encontradas num desenho perfeitamente simétrico.

Finalmente, ninguém parece querer mencionar que, quando as pessoas usam contadores Geiger, estes saem fora da tabela. A energia residual nesses locais tem um efeito quase radioativo, como um micro-ondas. Uma vez que os pesquisadores descobriram que essa energia afeta positivamente as safras, produzindo lucros crescentes, isso me mostra que, tenha sido o solo purificado ou irradiado, isso nada mais faz do que ajudar a Terra. (Ora, como poderiam as pessoas deste planeta desprezar a radiação?)

Lembro-me de uma vez, quando eu estava numa caça a uma assombração, e Terry, nosso cinegrafista, acabara de voltar de uma filmagem de círculos de colheita. Ele e sua equipe encontraram dois discos redondos no solo dos círculos, e essa informação foi publicada no jornal (com pouco destaque). Terry contou-me mais tarde que dois homens vieram até sua casa, exibiram um distintivo e confiscaram os discos. Ele disse que gostaria de questionar o fato, mas ficou com medo.

Não pretendo insinuar que existe uma conspiração, mas acredito realmente que o governo pensa que somos estúpidos – ou, quem sabe, acredita que informações a respeito dessas formações possam provocar pânico. O que não compreendo é que, se alguém deseja conversar conosco, por que não tentar ajudá-lo ou investigar a situação em vez de simplesmente varrê-la para baixo do tapete?

Considere novamente a razão pela qual os círculos aparecem ao redor de locais sagrados, como a areia perto das pirâmides ou os campos próximos a Stonehenge. Extraterrestres utilizam esses sítios para tentar passar sua mensagem. Gênios da computação e matemáticos tentam decifrar as configurações enquanto conversamos, e os desenhos parecem ser algum tipo de, por falta de uma palavra melhor, hieróglifos ou ideogramas. Francine diz que eles não somente tentam se comunicar por meio de símbolos, mas também tentando mostrar o lugar da

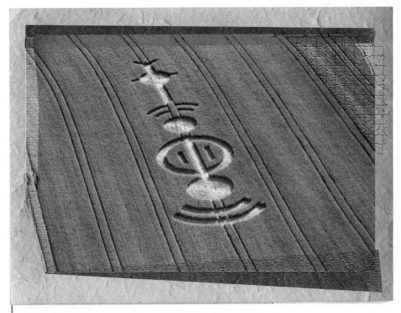

Outra formação de uma parte diferente do mundo.

galáxia onde vivem. Isso me lembra a tentativa de entender a pedra de Roseta.

Algum dia, quando a ciência se inteirar disso, veremos que esses seres do outro mundo nos mandam amor, mas Francine afirma que, com as tremendas erupções de violência na Terra, mais recentemente eles tentam nos mostrar que nos observam e nos avisam do perigo de maltratar nosso planeta.

Em vez de procurar desacreditar os círculos de colheita, por que não tentamos encontrar o fio comum ou princípio científico que une todos eles? Sei que isso é trabalhado, e sinto que, nos próximos dois anos, não apenas veremos mais dos círculos mundo afora em padrões mais intricados, como também teremos mais sinais de que não estamos sozinhos... e de que nunca estivemos.

parte IV
FENÔMENOS MÍSTICOS

19
Combustão humana espontânea

Esse fenômeno bizarro ocorre quando, sem nenhuma razão aparente, um corpo humano de repente irrompe em chamas. Os cientistas não conseguem entender como alguém que estava sentado ou de pé – e que não fumava nem estava perto de nenhum tipo de chama – pode subitamente entrar em combustão, fazendo seu corpo inteiro transformar-se em cinzas.

O corpo, na verdade, é cremado por si mesmo, e, para que isso aconteça a temperatura precisaria ser de milhares de graus; contudo, espantosamente, nada é queimado na área circundante ou mesmo chamuscado em muitos casos. Você poderia pensar que, com todo esse calor, tudo ao redor da vítima ficaria queimado – mas não é assim. Foram encontradas velas, colocadas num aparador perto de uma vítima, que não derreteram. E, mais incrível ainda: os pés, as mãos ou os dedos da vítima com frequência restam intactos.

Segredos e mistérios da humanidade

Surgem informações sobre casos na Alemanha, nos Estados Unidos, nas Ilhas Britânicas e na Austrália, mas não há um padrão explicando por que isso acontece – condições atmosféricas, localizações específicas, topografia e até mesmo tipos de tecidos não forneceram uma única pista. A combustão humana espontânea (em parapsicologia chamada pela sigla SHC, do inglês) é proclamada como obra do demônio; como se houvesse um demônio (o que, como mencionei, não há) que não tivesse nada melhor para fazer do que colocar fogo em alguém.

Naturalmente, depois de ouvir sobre esse fenômeno, fui atrás de Francine em busca de respostas. Ela me afirmou que a SHC é causada pelo acúmulo de fósforo, altamente inflamável – é isso que faz o corpo implodir por si mesmo e começar a queimar de dentro para fora.

Conversei com cientistas que reconhecem que o corpo humano é constituído de tantos minerais e elementos que, se houvesse muito ferro presente, por exemplo, morreríamos; se tivéssemos muito cobre, nosso fígado falharia. Assim sendo, por que não poderíamos ter tanto fósforo (o que, a propósito, é utilizado em fogos de artifício por seu alto poder de combustão) e simplesmente implodir?

É interessante observar que o fósforo queima com muito calor e intensidade, como a maioria dos metais. Veja, por exemplo, o sódio (exponha um pouco ao ar e veja o que acontece) e o magnésio. Isso explicaria por que, se o corpo começasse a se incinerar de dentro para fora, o poder do fogo literalmente queimaria o corpo, mas não necessariamente qualquer parte da área circundante, se a intensidade cessasse de imediato assim que o fósforo no corpo fosse consumido.

Ora, não acredito que precisemos sair por aí testando nosso conteúdo de fósforo – temos tanta chance de entrar em combustão espontânea quanto de cavalgar um unicórnio com Mel Gibson sob um arco-íris (embora esse não seja um cenário ruim!).

20
Energia Cinética e Aura

A energia cinética é utilizada por algumas pessoas para mover objetos, às vezes pela própria vontade, às vezes involuntário, sem que elas nem sequer tenham consciência do que faz. Conversei com clientes que possuem essa habilidade – conseguem estourar lâmpadas, destruir computadores e movimentar objetos –; muitos deles não podem nem mesmo usar relógios.

Os russos trabalharam com energia cinética em suas pesquisas sobre parapsicologia, estudando indivíduos que conseguiam deslocar objetos com a força da mente. Anos atrás, nos antigos acampamentos espiritualistas, as pessoas que conseguiam canalizar a energia cinética eram conhecidas como *médiuns físicos*. Eram trancadas num gabinete e monitoradas, e então coisas começavam a se mover. O problema era que o poder dos médiuns físicos mostrava-se sempre aleatoriamente, e às vezes não podia ser controlado; diferentemente do médium espiritual, que usa a clarividência, a clariaudiência

Segredos e mistérios da humanidade

e a capacidade de ver o mundo espiritual – e que parece ter muito mais controle sobre seu dom.

Muitas vezes relatou-se que os médiuns físicos expeliam *ectoplasma* (uma substância branca, viscosa) quando encontravam um fantasma. Não sou médium física, mas o falecido Marcel Vogel, cientista da IBM, disse-me certa vez que, quando minha energia fica muito alta, eu queimo filmes. Também sou conhecida por estragar refletores Klieg (luzes especiais utilizadas em filmagem) em estúdios. Quando eu participava do programa *People are talking* (As pessoas comentam), em São Francisco, parecia que, dia sim, dia não em que eu aparecia, eu explodia um refletor. Aprendi a reduzir a energia assim que tive consciência do que fazia.

De qualquer forma, certa vez eu investigava uma assombração no hotel *Brookdale Lodge*, perto de Santa Cruz, na Califórnia, quando, na frente de três testemunhas, fiquei coberta de ectoplasma. Eu não comia, bebia nem carregava coisa alguma que pudesse ter feito essa substância aparecer em toda a minha blusa, e isso aconteceu quando eu conversava com um espírito muito raivoso, que chamava a si mesmo de "Juiz" (e que foi mais tarde reconhecido como uma pessoa que havia realmente morado no hotel).

Continuei conversando com o Juiz, e, embora sentisse uma película me cobrir, não percebi o que acontecera até que me virei e Michael (meu secretário), meu marido na época, e um empregado do hotel exclamaram, quase numa só voz: "Olhe para a sua roupa!".

Por que fantasmas expelem essa substância? Porque sua atmosfera às vezes se torna tão condensada que parece formar uma substância "pensamento" – quase como se sua raiva tomasse uma forma (parecido com a frase "Ele cospe fogo").

Os médiuns físicos irritam-se muito com isso, porque a energia cinética é bastante aleatória. Uma famosa sensitiva do

174

século passado era reconhecida por ser uma autêntica médium física, mas, durante uma sessão, uma vez que nada aconteceu (como ocorrera muitas vezes antes), ela resolveu chutar e virar uma cadeira, e arruinou uma peça de muitos anos.

Há ainda Uri Geller, um médium físico que, não importa o que digam, sei que diz a verdade – trabalhei com ele e vi o que faz. Infelizmente, estava muito à frente de seu tempo, e os céticos fizeram a festa com ele.

Os médiuns que *conseguem* controlar a energia cinética têm muito mais condições de canalizá-la para a cura, porque podem substituir a energia de alguém e curá-lo.

Independentemente disso, mesmo com as poucas experiências que tive e que me mostram que isso é real, sou muito agradecida a Deus por ser uma médium espiritual e não precisar esperar que a energia cinética chegue e crie um fenômeno físico.

AURAS

A aura nada mais é que uma emanação elétrica que nos rodeia. Nunca acreditei na ideia da fotografia Kirlian, que supostamente pode fotografar auras, já que é muito inconsistente e não indica muito de fato (embora algum dia venhamos a ter *scanners* de aura para diagnosticar doenças).

É engraçada a maneira como falamos em termos de aura: "aquela pessoa tem uma personalidade brilhante", "eu estava com tanta raiva que via tudo vermelho". Inúmeras vezes utilizamos a linguagem da cor ou da aura para nos expressar: um dia "cinza", uma época "dourada" e assim por diante. Contudo, realmente emitimos cores em nossas auras: o vermelho significa que estamos bravos; o verde indica que estamos curando, seja a nós mesmos ou aos outros; o azul aponta para a serenidade; e o púrpura significa que estamos nos comunicando com Deus ou que somos espiritualizados.

Segredos e mistérios da humanidade

A aura pode, porém, mudar com nosso humor no dia a dia (ou de uma hora pra outra).

Preocupo-me com as pessoas que sempre veem a aura, porque isso pode indicar que têm uma doença visual. Ver uma aura de vez em quando é mais normal do que se pode imaginar, mas a maior parte do tempo é mais confiável *senti-la*: entramos em sintonia com a escuridão ou a claridade de alguém. Se escutarmos nossos sentimentos íntimos, seremos tão exatos quanto se tentarmos ver a emanação de uma aura ao redor de cada um.

21
Vodu, Astrologia e Xamãs

Embora possa parecer estranho que eu junte esses três tópicos em um capítulo, todos são desprezados e mal compreendidos no decorrer dos anos, embora sejam na verdade bastante positivos.

Vodu

Certamente não podemos abordar todas as práticas espirituais de cada religião, já que isso seria um livro por si só, mas o vodu foi sempre um mistério para o mundo ocidental. Duas das melhores documentações da prática são provavelmente *Drum and candle* (Macdonald & Co Publishers Ltd., Londres, 1971), de David St. Clair, e *A serpente e o arco-íris* (Ed. Jorge Zahar, 1986), de Wade Davis (transformado em filme, dirigido por Wes Craven). Além desses livros, muito pouco sabemos sobre a prática do vodu. E, embora ambas as

177

Segredos e mistérios da humanidade

obras mencionadas tenham grande mérito, também apresentam alguns dramas errôneos, como zumbis, maldições etc. Na verdade, a maior parte do que foi escrito a respeito do vodu está errada.

Anos atrás, quando fazia meu curso de mestrado em literatura inglesa, tive um professor de nome Bob Williams, que dava aulas no período noturno no Colégio de Notre Dame, em Belmont, na Califórnia. (Éramos muitos próximos e amávamos muito um ao outro, mas, acima de tudo, ele me incentivou a iniciar uma fundação. Morreu muitos anos atrás, e sinto sua falta todos os dias. Sempre lamentei sua morte, porque ele era um homem brilhante, espiritualizado, que acreditava em mim e em meus poderes e me encorajou a buscar mais público em vez de apenas fazer preleções em clubes femininos e em minha família e amigos.)

Uma noite, depois da aula, Bob me disse que ouvira falar de uma reunião de vodu em São Francisco com uma sacerdotisa chamada Devlin. *Que nome!*, pensei, mas, depois de rodear a Bob e a mim mesma com a luz branca do Espírito Santo, resolvi ir.

Quando chegamos ao apartamento, o lugar estava cheio de *hippies*. (Isso foi no tempo do movimento *hippie* em São Francisco, bem antes de as drogas tomarem conta.) Lá estava eu com meu vestido de professora, Bob de calça e camisa... eu não conseguia imaginar se estávamos vestidos demais ou de menos. John Paul, um barbudo de aspecto gentil, recebeu-nos e convidou-nos todos a nos reunir num círculo. Uma caneca grande de chá de ervas foi passada, e dela todos bebemos – era como uma comunhão de amor. Depois, meditamos enquanto esperávamos que a convidada de honra chegasse.

Devlin era uma sacerdotisa de *voodone*, o nome correto do vodu. Tinha mais ou menos 1,60 m, cheinha, cabelos pretos como piche e pele muito branca, e usava um vestido preto

178

com um cinto de asas de corvo. Olhei para Bob como se dissesse: "E agora?".

A sacerdotisa pegou uma cadeira no meio da sala e começou a puxar sua orelha esquerda e a soltar os mais horríveis bufos, e alegou que fazia a limpeza de suas cavidades nasais. *Deus nos ajude*, pensei. Bob, sentindo minha ansiedade (e sabendo o que poderia sair de minha boca), cutucou-me nas costelas. Não sou crítica – exceto quando pessoas que se supõe que sejam professoras sentem que precisam se comportar de maneira bizarras.

Devlin começou a explicar que o vodu era uma prática religiosa muito antiga e que existira na África por mais tempo que a história registrava. Os seguidores acreditam que tudo na natureza carrega energia (algo como a crença *wicca*), e a religião lida com espíritos dos mortos.

Contou-nos que o vodu não consiste apenas em lançar sortilégios do mal – ao contrário, é fundado no cristianismo, principalmente no catolicismo. Na verdade, não é incomum ver uma estátua de Jesus e da Virgem, assim como um altar para alguma deidade espiritual, enquanto o alto sacerdote ou sacerdotisa realiza uma cerimônia. Os espíritos que possuem uma pessoa, os quais Devlin disse que existem em grande quantidade, dominam apenas a cabeça do receptor – o que, para mim, desafia a verdadeira possessão. Tais entidades parecem apenas dominar a cabeça, de modo que o hospedeiro simplesmente assume a personalidade do espírito.

Interrompi Devlin para lhe perguntar sobre feitiços; ela foi evasiva, mas disse algo que realmente nunca esquecerei: a crença é uma coisa poderosa, e, se a pessoa sente que foi amaldiçoada, então começa quase a realizar a própria profecia. Não comentou sobre os zumbis, a não ser para dizer que vira alguns e eram como indivíduos submetidos a uma lobotomia.

Segredos e mistérios da humanidade

Devlin continuou com sua palestra, dizendo que o Pentáculo de Salomão era utilizado para proteção, assim como o sacrifício de cortar a cabeça de uma galinha e deixar o sangue pingar num círculo (o que evoca mesmo o sacrifício bíblico a Deus, algo que era feito com frequência no Antigo Testamento). A religião do vodu como um todo foi na verdade baseada na proteção e em pedir a Deus ou aos espíritos aquilo que o povo queria.

Acho que a histeria e os "tambores que entram pela noite" dão origem a *performances* bizarras dos praticantes do vodu, porém, em meus estudos, descobri que essa religião sofre a acusação injusta de lançar malefícios (como provocar doenças nas pessoas e coisas assim). Os praticantes de vodu *acreditam mesmo* em feitiços e fazem cerimônias complicadas para se livrar deles. Isso é muito diferente dos exorcismos praticados pelos católicos?

O vodu é praticado amplamente no Brasil, no Haiti e em vários países sul-americanos. Um de seus principais objetivos é livrar-se do demônio (ou do mal) e alinhar-se com Deus ou espíritos em busca de proteção. Claro que, na medicina dos tempos modernos, podemos tratar a audição de vozes nos mentalmente instáveis (frequentemente um sintoma de esquizofrenia) com medicação e terapia, mas uma pessoa diagnosticada com essa doença poderia também ser curada por uma sacerdotisa do vodu.

A mente é um instrumento poderoso que não apenas carrega a negatividade desta vida, mas também traumas da vida passada. Se a vida é como um registro fonográfico, e a agulha escorregar para outra ranhura, quem pode dizer que uma regressão de vidas passadas ou um exorcismo não pode remover um antigo comportamento?

Devlin encerrou sua palestra, todos nos cumprimentamos e fomos embora. Na semana seguinte, nosso grupo esperou por Devlin, mas ela não apareceu. Bob disse: "Bem, não vamos desapontá-los", e anunciou que eu faria uma curta leitura mediúnica para todos. Resolvi que, quando saíssemos, eu o torturaria ou encontraria meios de tornar sua vida miserável. De qualquer maneira, devo ter feito 30 rápidas leituras e todo mundo ficou contente.

Quando eu estava saindo, John Paul (que era quase como um homem santo ou um anjo) me abraçou e disse palavras que ainda ressoam em mim:

– Sylvia, seu dom vem de Deus. Muita gente não entenderá que existem muitos modos de ser crucificado.

Isso foi nos anos 1960 – eu não tinha meios de compreender o ridículo, a crítica e o escárnio pelos quais precisaria passar. Ainda passo por eles às vezes, mas hoje estou mais calejada. Portanto, quando muito deixo a coisa se afastar de mim. Apesar disso, sou um alvo por causa de meu dom e de minhas crenças. Como o médium sensitivo, John Edward me disse certa vez:

– Sylvia, você pavimentou o caminho para todos nós que viemos depois de você.

Eu gostaria de lhe dizer: "Você não tem ideia", mas, como reza o velho ditado, "O que não mata me fortalece". O que faço pessoalmente pode parecer misterioso para alguns, mas sempre fui eu mesma, portanto apenas confio em Deus e sigo em frente.

(Devlin apareceu na terceira visita, mas os participantes quiseram que eu fizesse mais leituras. Assim, em vez de provocar atrito e uma raiva ciumenta da sacerdotisa, Bob e eu nos desculpamos e nunca mais voltamos.)

Como conclusão, deixe-me dizer que a religião vodu é muito incompreendida. É praticada em conjunto com o catolicismo pela maioria, e muito orientada para o espiritual, e também praticada por gente supersticiosa – o que, naturalmente, contribui para o apelo e a crença de alguns praticantes. Como toda fé, o vodu tem seu lado belo e maravilhoso, assim como seus aspectos sombrios, que são exagerados.

Segredos e mistérios da humanidade

ASTROLOGIA

Para algumas pessoas, a astrologia é uma forma misteriosa de profecia, e registrar sua cronologia é quase impossível. Bem antes da história registrada, a humanidade olhava para a mescla enigmática de galáxias, estrelas e planetas dos céus em busca de respostas. Em algum lugar ao longo do caminho, os povos antigos começaram a correlacionar os locais onde estavam posicionadas as estrelas e os planetas na época do nascimento de um bebê, o que se tornou conhecido como *mapa astral*.

O povo asiático parece ter sido um dos primeiros a fazer da astrologia um tipo de ciência. As pessoas procuravam um astrólogo quase no mesmo minuto em que um bebê nascia para ver o que estava destinado à criança, como direcioná-la e, até mesmo, o que ela deveria evitar na vida.

Com a disseminação do cristianismo, a astrologia precisou ir para a clandestinidade – posteriormente ressurgiria nos salões de chá (e quartos dos fundos) do mundo ocidental. (Não foi assim na China e no Japão, onde floresce até os dias de hoje e, aparentemente, não se choca com nenhum credo religioso.)

A partir das configurações matemáticas do mapa astral, os astrólogos começaram a apontar os planetas que apareciam na época do nascimento, dividindo-os em 12 casas não apenas para determinar a personalidade do indivíduo, mas também atualizando o mapa ano após ano para ver quando os planetas entrariam na história e como afetariam a vida dessa pessoa.

As diferentes configurações celestes do nascimento começaram então a levar em conta as partes do que as estrelas representavam. Por exemplo, se nascida sob o signo de touro, dizia-se que uma pessoa seria teimosa como um touro; uma nascida em libra era vista como equilibrada como a balança da justiça; em virgem, pura como uma virgem; em sagitário, tão destemida e expansiva como um arqueiro; em leão, orgulhosa e régia como um leão; em capricórnio, firme e estável como uma cabra; em aquário, de movimentos fluidos e artísticos como a água; em câncer, tenaz e amante do lar como um caranguejo; em gêmeos, de natureza dual como os gêmeos; em áries, belicosa e teimosa como um carneiro; em escorpião, intensa como um escorpião – com uma picada igualmente mortal; em peixes, tão profunda, sensitiva e submersa no próprio eu como um peixe.

Eu mesma escrevi um livro de astrologia com muita verdade (*Astrology through a psychic's eyes*, [Hay House, Inc., 2000]), mas também muito provocativo e irônico. Abusei ao dizer que as pessoas nascidas sob o signo de touro poderiam ser chatas – era uma brincadeira, mas muitos taurinos se sentiram ofendidos... e começaram a me importunar afirmando quanto eu estava errada. (Pelo amor de Deus, taurinos, sou de libra, e somos regidos pelo mesmo planeta – Vênus!).

Gosto da verdadeira astrologia quando fica mais específica: não dou muito crédito às tendências, pois isso não é individualizado. Contudo, os verdadeiros astrólogos que conheci me convenceram de que ela também aprimora sua capacidade sensitiva e de que é um veículo para abrir ainda mais seu sexto sentido.

Xamãs

Um xamã é geralmente associado a um índio americano sábio (muito raramente, uma *mulher* sábia). É a pessoa que ouve as transgressões dos membros da tribo e dá conselhos – nada diferente dos sacerdotes dos dias de hoje. No passado, os xamãs eram também conhecidos por fazer poções para curar e se livrar dos maus espíritos que acreditavam causar as doenças – utilizando guizos, fumaça, penas, sementes ou até mesmo couro de cobra. Também podiam prever o futuro, tanto para indivíduos como para a tribo inteira.

Segredos e mistérios da humanidade

Ora, existe alguma verdade na ideia segundo a qual, se uma pessoa crê, isso é metade da cura, mas já vi algumas curas notáveis na África, feitas por curandeiros (semelhantes aos xamãs índios americanos). De fato, quando alguns dos expatriados na África ficam doentes, com frequência optam por chamar um curandeiro em vez de um médico tradicional. Infelizmente, o velho sábio parece caminhar para a extinção, mas muitos ainda têm lugar em certas tribos e parecem muito importantes para o bem-estar de sua comunidade. Também possuem a habilidade de entrar em transe (por seus próprios meios ou com o uso de algum alucinógeno) e parecem capazes de viajar para o futuro e retornar com conhecimento avançado.

Pessoalmente, não creio que precisemos utilizar nenhum tipo de substância para ver o futuro – mas quem sou eu para saber ou entender o que funciona para os xamãs? Sei com certeza que eles nunca utilizaram drogas como forma de recreação; em vez disso, as drogas deviam ser utilizadas moderadamente, em cerimônias sagradas e para a busca de um conhecimento maior. Era a isso que o LSD se destinava originalmente... então, as pessoas começaram a utilizá-lo por diversão e ele "corroeu o cérebro delas". Não obstante, devemos respeitar o que os antigos sabiam e faziam e não tentar copiar algo em relação a que somos ignorantes física e mentalmente – e também espiritualmente.

22
ENIGMAS DO UNIVERSO

Paremos um momento para explorar alguns mistérios que confundem os cientistas que estudam nosso sempre fascinante universo – inclusive nosso amado planeta.

BURACOS NEGROS

Desde que foram descobertos, os buracos negros atiçaram a curiosidade dos cientistas. Ora, o grande físico Stephen Hawking escreveu muito sobre essa anomalia, mas gosto da explicação simplista que Francine deu certa vez a um grupo que explorava certos mistérios do universo. (Sou definitivamente uma pesquisadora, e não uma física, mas julgo verdadeiramente que o Outro Lado anda em velocidade mais rápida ou em vibração maior que

Segredos e mistérios da humanidade

a nossa, e que estamos no mundo da transição e da antimatéria. Contudo, nunca compreendi direito o conceito de buraco negro até que Francine o explicou.)

Ela disse que, a princípio e antes de tudo, um buraco negro é como o aspirador do universo: uma estrela explode (ou implode) e cria um tipo de cratera na atmosfera, furando o véu do universo e puxando tudo ao redor para dentro de uma abertura semelhante a um funil, o que então torna visível um universo paralelo. Em outras palavras, existem universos por trás do nosso, o que é possivelmente a razão para descobrirmos novos planetas ou estrelas.

A seguir, o grupo perguntou a Francine como tudo isso se encaixava no plano de Deus, e ela respondeu que existem planetas por todo o universo puxados através dos buracos negros para dar suporte à vida de modo que as pessoas possam fazer visitas ou reencarnar. Com alguns buracos, isso também é um meio de dispor de velhos planetas que se transformaram em detritos – portanto, é uma maneira de criar vida nova e livrar-se do que é velho e inútil, o que, para mim, é como limpar uma casa ou mudar para outra residência. Deus sempre mantém ordem em sua vasta casa, que chamamos de nosso universo.

Francine afirma que existem 44 universos; não acredito que isso importe para nós; é apenas para informação. (Sua cabeça pode doer por pensar nessa infinidade de universos vinculados.) Francine afirma que nunca deixamos nosso próprio cosmo, mas que podemos visitar outros depois que formos para o Outro Lado. Muitos são diferentes em configuração – alguns dos planetas contêm vida; outros, não (tal como o nosso próprio universo). Não obstante, Deus supervisiona tudo.

A melhor coisa a respeito de ir para o Outro Lado é que nunca deixaremos de pesquisar e encontrar algo novo sobre a magnitude da criação de Deus. Eis por que a teoria do *big bang* é tão errada: como nós, o universo sempre existiu – talvez algumas porções dele não estivessem inicialmente prontas para a vida (tal como a Terra), mas *estiveram* sempre aqui. Cientistas sem base espiritual (o que não é culpa deles, e sim de seu treinamento) surgem com alguma explicação plausível como a teoria do *big bang*, mas por que é tão difícil acreditar que, se Deus sempre existiu, assim foi aquilo que Deus fez? Caso contrário, Deus é imperfeito – e isso tanto é inverdade como ilógico.

Tudo isso realmente faz pensar, pelo menos para mim, que quando eu for para Casa, poderei explorar aquilo que é mistério para nós agora, mas que se encontra aberto para nós do Outro Lado. Isso pode fazer com que nos sintamos pequenos... até nos lembrarmos de que nunca somos pequenos aos olhos de Deus, porque ele conhece cada um de nós pelo progresso da alma, pelo nome e pelo plano de vida.

A INCLINAÇÃO POLAR

A cada 15 mil anos mais ou menos a Terra entra no que eu chamo de *inclinação polar*, quando o eixo do planeta muda para um ponto no qual as polaridades magnéticas se alteram e se movem. Nessa ocasião, podem acontecer – e realmente acontecem – enormes sublevações da crosta nos oceanos e nas massas de terra. A última inclinação polar foi no tempo da destruição de Atlântida e também a causa do "grande dilúvio" descrito na Bíblia e em outras religiões e textos históricos.

Uma inclinação polar também afeta a população animal do planeta e o clima. Por exemplo, como sabem os geólogos, o Saara foi um dia uma região muito fértil; no entanto, hoje é um dos lugares mais áridos que conhecemos. As criaturas que seguem rotas migratórias por centenas de anos se confundem: vemos agora, por exemplo, que as andorinhas deixam intermitentemente de voltar à Missão de San Juan Capistrano, no sul da Califórnia, onde apareciam todo 19 de março sem falta.

Segredos e mistérios da humanidade

Também vemos mais e mais vida marinha lançada à praia – como todas aquelas baleias na Califórnia que, sem razão aparente, pareceram perder a rota e morrem pouco tempo depois, apesar de tantos biólogos marinhos tentarem salvá-las. Mesmo quando eles conseguem levar algumas das baleias para o mar com a ajuda de voluntários, as criaturas dão meia-volta e encalham na praia de novo. Querem morrer juntas ou estão convencidas de que iam na direção certa por que, de alguma forma, sua percepção da topografia mudou?

A inclinação polar é também a razão para nossas estranhas alterações climáticas. Exatamente agora algumas regiões do mundo desfrutam de um inverno muito suave, enquanto outras suportam condições difíceis – quase o oposto do que normalmente passam pelos diferentes períodos do ano. À parte o efeito estufa, as pessoas serão muito afetadas pelas mudanças do tempo e por desastres naturais mais intensos, como terremotos, erupções vulcânicas e elevação e queda de massas de terra. Os californianos serão muito afetados, com sublevações maciças de terra em mais ou menos 20 ou 30 anos (embora a inclinação polar em si demore mais), e a terra emergirá no Atlântico. Apesar de serem muitas as mortes e extensos os danos, a humanidade, como sempre, sobreviverá.

A teoria da Terra oca

Durante muitos anos, livros como *Viagem ao centro da Terra*, de Júlio Verne, acolheram a teoria segundo a qual não somente a Terra é oca como existe uma civilização inteira abaixo de sua superfície. Partidários dessa teoria certamente são minoria no que diz respeito ao principal pensamento geológico – grande parcela dos cientistas diz que nosso planeta tem um centro sólido de ferro rodeado por metal fundido; sem querer estourar o balão de ninguém, inclino-me a concordar com essa premissa. Em todas as pesquisas que fiz (por meio de leitura, regressões sob hipnose e Francine), nunca me deparei com alguém que vivesse no núcleo de nosso planeta.

Aqueles que defendem ideias sobre a Terra oca são rotulados de malucos, sectários da "teoria da conspiração", maníacos por OVNIs e outros termos descritivos do mesmo gênero. Não sei se eu iria tão longe, já que sempre fui de certa forma polêmica em minhas pretensões e apresentei algumas teorias e informações a partir de pesquisa própria que certamente vão de encontro às convenções. Sempre procuro manter a mente aberta em meu ceticismo, mas ainda estou para ser convencida de que essa teoria é correta.

Um OVNI.

23
Abduções alienígenas

Não tenho certeza sobre como me sinto a respeito de abduções alienígenas. Tenho dificuldade em acreditar que visitantes queiram nos fazer mal – se podem chegar até aqui, certamente poderiam causar danos; contudo, não causam. Porém, já que existem tantos relatos de abduções a enumerar, e já vivi o bastante para nunca descartar nada, não posso deixar de crer que algumas pessoas realmente foram levadas a bordo de uma nave alienígena.

Por que algumas pessoas são escolhidas em detrimento de outras? Imagino que eu poderia dizer o mesmo de mim – por que uma garota de Kansas City seria sensitiva? Ou por que, a propósito, existe um Pavarotti ou um Picasso? Alguns indivíduos, creio, são simplesmente mais prováveis receptores do que outros.

Betty e Barney Hill, por exemplo, estiveram entre os primeiros abduzidos a ganhar notoriedade na imprensa, e foi feito

Segredos e mistérios da humanidade

até mesmo um filme sobre sua experiência. Eles não se recordavam de nada, a não ser o tempo perdido, até serem hipnotizados, e então contavam em vívidos detalhes os experimentos realizados neles pelos alienígenas que os levaram.

Hoje em dia ouvimos falar de implantes alienígenas, bebês alienígenas, práticas sexuais alienígenas, e "sei lá o quê" alienígena desde Roswell até o Arkansas. A maioria desses atos parece ocorrer em áreas rurais, e os relatos mostram muito da mesma coisa: há luzes brilhantes e tempo perdido, mais tarde a pessoa começa a apresentar depressão, ansiedade, sonhos terríveis e amnésia parcial. O uso da hipnose parece aliviar o estresse dos acontecimentos estranhos.

Conversei com muitos pilotos, alguns aposentados, a quem não foi permitido falar a respeito do que viram porque lhes foi dito que seus benefícios da aposentadoria seriam suspensos se falassem. Não acredito, necessariamente, que tudo isso seja uma conspiração governamental (embora eles saibam bem mais do que nos dizem), como o medo de veicular informações que poderiam lançar o país – ou o mundo – numa onda de pânico.

Pessoalmente, acredito que o governo dos Estados Unidos subestima nossa inteligência. Antes eu desejava que os OVNIs aterrissassem à vista de todos no gramado da Casa Branca – mas então quem pode dizer que alguém não tentaria abatê-los a tiros por medo, pelo desejo de se proteger ou por ignorância? Pensando bem, acredito que os alienígenas têm a postura correta de não confiar que o mundo vá acolhê-los de braços abertos, principalmente nos dias de hoje.

Em 1938, quando Orson Welles transmitiu "Guerra dos mundos", seu famoso programa de rádio sobre a invasão de Marte, instalou o pânico em amplitude nacional, e eu realmente não imagino que estejamos muito distantes desse tipo de histeria hoje em dia. Os humanos sempre tiveram medo do desconhecido, e o governo não quer anunciar o que sabe por temer que sobrevenha o caos.

Seja qual for o caso, a única coisa em que você pode acreditar é aquilo que eu disse repetidas vezes neste livro: *Definitivamente, não estamos sozinhos no universo – nunca estivemos, e nunca estaremos.*

Um OVNI iluminado por raios.

parte V
CONTROVÉRSIAS CRISTÃS

24
ESTIGMA

Esse mistério existe há cerca de 2.000 anos, e parece que surgiu depois da crucificação de Jesus.

O estigma é uma condição na qual os pulsos ou palmas e pés (e, em alguns casos, o flanco do corpo) começam a exibir chagas e/ou sangramentos em regiões que estão relacionadas às feridas que Jesus recebeu na cruz.

Embora muitos leigos sofram de estigmas, todos parecem ser católicos devotos; não costumam existir casos em não católicos. Na verdade, não há nem mesmo tendência a encontrar a discussão em outra parte que não seja nos escritos cristãos a respeito de indivíduos que, aparentemente, mostravam os ferimentos por empatia com o que Jesus sofrera na cruz. Dizem, por exemplo, que São Francisco de Assis e o grande curandeiro e sacerdote Padre Pio tinham essa "aflição abençoada" (a frase católica que define aqueles que sofrem de estigmas).

Às vezes o fenômeno é acompanhado de um estado alterado de consciência que é chamado "êxtase" ou transe. Os estigmatizados podem também ser comparados àqueles que

Segredos e mistérios da humanidade

praticam violência contra o próprio corpo (como o autoflage-lo), como rejeição à concha física que habitamos. Além disso, imagina-se que o estigma seja uma manifestação de tamanho amor por Jesus que a pessoa deseja imitar seu sofrimento – parece que muitos fazem isso às sextas-feiras, o dia em que supostamente Jesus morreu.

O estigma pode ser designado como "milagre", pode ser um tipo de convicção profunda ou estado de devoção que ocasiona algo como uma auto-hipnose. É fato reconhecido, por mais simplista que possa soar, que você pode hipnotizar alguém e lhe dizer que está colocando um atiçador em brasa em seu braço, mas em vez disso aplicar um cubo de gelo, e uma bolha alta e vermelha aparecer.

Ora, isso não é dizer que milagres não acontecem – Deus sabe que vi centenas em meus 50 anos de prática –, mas, pessoalmente, acredito que os indivíduos com estigmas estão tão imbuídos de amor por Jesus que se oferecem para com-partilhar seu sofrimento. Aqueles que exibem esses sinais parecem ser mais espírito que carne, e nenhum que algum dia mostrou as feridas tinha má reputação; contudo, você encontra outros muito santificados (como Madre Teresa) que não tinham nada disso. Portanto, parece tratar-se de um grau de devoção íntima.

Como afirmei antes, os pensamentos são coisas verdadei-ras, e em todos os aspectos nós nos tornamos aquilo que pra-ticamos, sentimos e pensamos.

25
O SUDÁRIO DE TURIM

Quando eu frequentava o primeiro grau no colégio de St. James, lembro-me vividamente de uma assembleia em que dois padres empolgados faziam uma apresentação sobre a perspectiva de que alguém tivesse encontrado o lençol de linho que cobriu Jesus na hora de sua morte. Meus colegas e eu estávamos hipnotizados, pois se acreditava que o Sudário de Turim fosse a prova absoluta para muitos católicos (o que eu era, na época) de que Jesus vivera e morrera como os evangelhos relatavam.

Fui para casa e comecei a contar à minha avó o que ouvira e vira. Ela ergueu os olhos para a esquerda por um instante, algo que agora eu mesma faço quando tenho uma sensação mediúnica. (Como um adendo, um psicólogo amigo meu, William Yarbroff, disse, depois de me observar fazendo leituras, que eu olho para a esquerda da pessoa quando estou coletando eventos do passado, olho direto para cima quando

Segredos e mistérios da humanidade

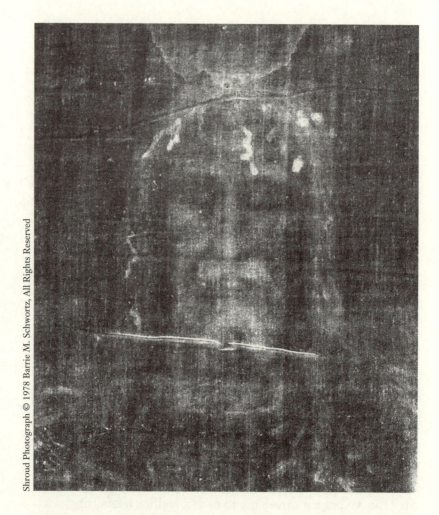

falo do presente e para a direita quando estou lendo o futuro – quase como se estivesse buscando o conhecimento.)

De qualquer forma, vovó Ada olhou para a esquerda e disse:

– Bem, não é de Jesus. Por um detalhe: a altura está toda errada no Sudário. Além disso, ele não foi o único a ser crucificado naquela época – inúmeras pessoas recebiam essa punição.

Eu sabia que minha avó captava isso mediunicamente, já que não tinha nenhuma informação anterior sobre o Sudário. Fiquei de certa forma desapontada, mas eu a conhecia e a seu currículo bem o suficiente para acreditar que era provável que estivesse correta.

O Sudário de Turim pareceu ter cessado de participar da consciência cultural por poucas décadas – exceto quando alguns teimosos quiseram manter a mística viva –, então fez outra aparição aos olhos públicos. O Sudário consegue maior mobilização da mídia e apoio popular do que qualquer outro artefato cristão, portanto requer a pergunta: "Alguns não creem que existiu um Jesus? Ou, se existiu, podemos ter uma prova de que ele realmente existiu e morreu?". Eu, pessoalmente, não creio que o cristianismo precise de um pedaço de pano para confirmar que um homem com o nome de Jesus Cristo caminhou pela terra ensinando amor e paz.

Existem, na verdade, duas imagens no Sudário, mostrando as costas e a frente de um homem, separadas por cerca de 20 cm de pano que não exibem nenhuma impressão. Os céticos ponderam que, se essas imagens fossem de fato feitas pela energia de um corpo, por que não há nada impresso nessa fenda?

É digno de nota que alguns historiadores ou teólogos estimam que Jesus tinha cerca de 1,67 m, a altura média na Palestina naquela época; entretanto, o Sudário representa um homem que tem mais ou menos 1,80 m. É também interessante observar que o Evangelho de João afirma que, quando Jesus foi executado e supostamente morto, as vestes do enterro estavam ainda na tumba... mas Jesus não estava.

Alguns cientistas acreditam que o Sudário foi na verdade pintado no século XIV. Afinal, soube-se de sua existência no ano de 1357, quando estava de posse de Geoffrey de Charny,

Segredos e mistérios da humanidade

um cavaleiro francês que o exibiu numa capela particular em Lirey, a nordeste da França. Alguns dizem que esse cavaleiro era herdeiro de outro Geoffrey de Charny, um dos cavaleiros templários que fora executado pela Igreja católica por heresia e tivera todas as posses confiscadas.

É suficiente dizer que o Geoffrey mais novo era um homem de posses modestas e que nunca disse de onde vinha o Sudário. Por causa dessa relutância em falar a respeito de sua origem, o bispo Pierre D'Arcis escreveu uma carta ao Papa Clemente VII dizendo que julgava ser o Sudário produto de artesanato humano – um tecido inteligentemente pintado por um homem. Em 1389, o Papa afirmou que o pano deveria ser considerado uma "representação", não necessariamente um artefato verdadeiro.

Se o Sudário fosse realmente pintado, isso explicaria algumas imperfeições na imagem que sempre levantaram perguntas. Por exemplo, o cabelo pende como se a figura estivesse de pé, em vez de estar reclinada; o físico é alongado de um modo nada natural (como as figuras da arte gótica); os fluxos de "sangue" são ordenados de maneira pouco realista (em vez de se misturar ao cabelo, por exemplo, correm em riachos do lado de fora dos cachos). Veja, o sangue de verdade ensopa o tecido e se espalha em todas as direções em vez de deixar imagens semelhantes à pintura.

Coroando tudo isso, foi feito um exame do "sangue" em 1973 por uma comissão especial de cientistas e estudiosos, incluindo o notável microanalista Walter McCrone. O dr. McCrone descobriu que não havia nenhuma evidência de sangue, mas que *havia* evidência de tinta; ele rapidamente anunciou que o Sudário era uma farsa. Mas o problema não parou aí, pois os achados do dr. McCrone foram refutados por outros cientistas, que disseram que a imagem continha, de fato, sangue – e até mesmo classificaram seu tipo: AB. Estudos posteriores colocaram a maioria da comunidade científica do lado daqueles que acreditam que o sangue nas imagens é real; a maioria agora refuta a teoria da tinta.

Sylvia Browne

Então, em janeiro de 1996, uma descoberta de Leoncio A. Garza-Valdes, médico, e Stephen H. Mattingly, doutor em filosofia, estimulou novos debates sobre o Sudário. Os doutores descobriram uma camada de bactéria e fungos numa cobertura quase do tipo de um plástico nas fibras das amostras fornecidas para os testes de 1988. Sustentaram que essas contaminações tornavam a datação do carbono muito suspeita e que o Sudário de Turim é muito mais antigo do que os testes indicavam. (A datação do carbono no tecido foi realizada por três diferentes laboratórios, e apontavam o Sudário como tendo sido criado entre 1260 e 1390.)

Essa última reviravolta levantou uma nova tempestade sobre a verdadeira idade do Sudário – os céticos dizem que faz pouca ou quase nenhuma diferença, enquanto os proponentes dizem que a preponderância de evidências indica agora que é, na verdade, o verdadeiro lençol que cobriu Jesus em sua morte. O teste de idade do Carbono 14 é ainda uma controvérsia que precisa ser resolvida, porém, por enquanto, a maioria dos cientistas acredita nesses achados até prova em contrário. A história do Sudário é outra área polêmica, como é o tecido em si, quer seja que não a imagem de Jesus. Vamos explorar essas questões uma a uma.

Acho incrível que algo tão magnífico como essa relíquia pudesse ficar guardado longe da vista por tanto tempo – quem a detinha? Por que nenhuma palavra vazou sobre o fato de essa peça sem preço do cristianismo estar praticamente ali para ser tomada? Os cínicos dizem que não há nenhum histórico da origem do Sudário além do exibido pela primeira vez no século XIV; já os crentes proclamam que *há* um histórico que agora é trazido à luz. De acordo com eles, o Sudário é o que os antigos historiadores chamavam de Imagem de Edessa. Esse material foi encontrado numa parede em Edessa (onde é hoje a Macedônia) em 544, e permaneceu na cidade até 944; a seguir, foi levado a Constantinopla, onde foi encontrado pelos cruzados que saquearam a cidade em 1204. Depois, desapareceu até 1353 – fora escondido?

203

Segredos e mistérios da humanidade

A Imagem de Edessa, também conhecida como o Sagrado Mandilion, representava um retrato de Jesus. Os crentes dizem que era o Sudário de Turim dobrado para que apenas sua face fosse mostrada. E há outra peça de pano conhecida como o Sudário de Oviedo, que, alegadamente, é o pano que cobriu a face de Jesus em seu funeral. As manchas de sangue do Sudário de Oviedo o vinculam ao Sudário de Turim, já que uma evidência da medicina legal mostra que o sangue na mortalha é do mesmo tipo (AB) que o do Sudário. O histórico deste não está em questão e foi datado da época de Jesus.

Além do mais, os doutores Avinoam Danin e Uri Baruch, botânicos especialistas em pólen, encontraram grãos de pólen e imagens de flores no Sudário que são nativas da região de Jerusalém. Fora isso, outros pesquisadores afirmam que o tipo de trama do pano é muito semelhante àquelas encontradas dentro e em torno de Jerusalém no século I, particularmente tecidos desenterrados na fortaleza de Masada. Outros encontraram no Sudário traços de terra e poeira de pedra calcária inerentes a Jerusalém e seus arredores.

Finalmente, enquanto os crentes dizem que o Sudário de Turim é a mortalha do sepultamento de Jesus, os céticos apontam que, mesmo que se descobrisse ser originária do século I, o que leva as pessoas a pensar que a imagem no pano é a de Jesus? Chamam a atenção, acertadamente, para o fato de que se trata da mera imagem de um homem com ferimentos que indicam uma crucificação, o que, como minha avó ressaltou, era o castigo comum para violadores da lei ao tempo do governo romano no século I em Jerusalém. Os descrentes continuam a afirmar que o homem poderia ser *qualquer* criminoso, e não necessariamente Jesus.

Acredito que, ao fim e ao cabo, isso se torna uma questão de crença e de fé... pelo menos eu gostaria que fosse. Creio que o Sudário seja uma representação, e não uma relíquia verdadeira – mas não acredito que isso arranharia nossa fé cristã. Tenho cruzes por toda a casa e por certo não acredito que sejam peças da estrutura efetiva em que Jesus foi crucificado, porém, como o Sudário, minhas cruzes me recordam que Jesus caminhou pela Terra e morreu numa cruz, assim como muitos morreram durante o período dos romanos.

Sempre me lembro daquilo que vovó Ada costumava dizer: a única coisa que parecemos relembrar a respeito de Jesus é que ele sofreu uma morte agonizante. Eu me inclino a concordar – afinal, e quanto ao Jesus feliz, ao Jesus que ensinava e ao Jesus que curava? Parecemos apenas recordar a terrível tristeza. (Muitos anos depois de minha avó ter falecido, Francine me contou que Jesus sentiu que seus ensinamentos não atingiram seus objetivos, e tudo de que o povo se lembrava eram seu sofrimento e morte.)

Acredito que o Sudário de Turim era uma pintura (provavelmente feita com sangue) destinada a retratar a morte de Jesus. Afinal, a crucificação de Jesus foi um evento que inspirou muitas obras de arte – porém, essa pessoa em particular queria capturá-la exclusivamente no pano.

Finalmente, eu gostaria de observar que a Igreja católica, por enquanto, fez uma pausa em quaisquer investigações sobre a datação do carbono sobre o Sudário, o que acho muito estranho. Se julgam que era autêntico, por que não abrir as portas para todas as investigações?

A crença ainda permanece no coração e na mente de quem a nutre, portanto acredito que, seja o que for que lhe dê paz ou reafirme seu conhecimento, pelo amor de Deus (literalmente), continue com isso. Como afirmei antes, não importa no que eu acredito: se *você* julga que o Sudário é verdadeiro, e isso suscita espiritualidade ou fé em você, então, cada um com suas escolhas. Tenho certeza de que a polêmica durará anos, mas, enquanto a Igreja católica colocar empecilhos, nada será totalmente comprovado. Independentemente disso, se acreditamos que é, então pode ser que seja.

26
O Santo Graal e o Espírito Santo

Historiadores e escritores afirmam que um grupo de escritores, cientistas e artistas influentes – inclusive Walt Whitman, Victor Hugo, Arthur Conan Doyle, Isaac Newton, Sandro Botticelli e o grande Leonardo da Vinci – eram não apenas reencarnacionistas, mas também membros de sociedades secretas como a do sagrado Priorado de Sião, dos Cavaleiros Templários ou dos Maçons.

Na verdade, não muita gente se dá conta de que, além de ser um grande pintor, Leonardo da Vinci era uma espécie de profeta – não tanto em matéria de manuscritos, mas em seus croquis. Recomendo que você confira os maravilhosos conhecimentos desse gênio em tecnologia e na estrutura do corpo humano: bem antes que a ciência e a medicina o alcançassem, ele fez esboços de máquinas voadoras, helicópteros, foguetes, equipamentos de guerra e carros; tinha também croquis muito detalhados de músculos, tendões, órgãos e outras partes do corpo. Estava bem adiante de seu tempo, e apenas séculos mais tarde o que ele desenhou se concretizaria.

Leonardo também tinha conhecimento sobre o Santo Graal, inclusive onde estava e o que era. Os livros *O Santo Graal e a linha sagrada* (Ed. Nova Fronteira, 1993) e *Sangue Sagrado, Santo Graal* (Ed. Dell, 1983), de Michael Baigent, Richard Leigh e Henry Lincoln, arranham a superfície desse tópico, mas o romance de Dan Brown, *O Código da Vinci* (Ed. Sextante, 2004), o escancara. A maioria dos gnósticos (aos quais minha igreja é dedicada) conhecia essa informação "secreta" o tempo todo, mas os rosa-cruzistas a guardavam como vingança, porque o mundo conhecido do cristianismo a estigmatizara como a pior das heresias.

Assim, agora, com informações sobre o Santo Graal surgindo de todas as partes, nós, gnósticos, sentimos certo regozijo por verificar a verdade real do cristianismo ser trazida à luz. Eis por que muito antes de *O Código da Vinci* aparecer eu disse a meu editor que queria escrever sobre a Deusa Mãe e desvendá-la de uma vez por todas – não importava quanto isso pudesse ser controvertido.

Veja, os cruzados sabiam que não existia realmente Graal (ou taça) nenhum; em vez disso, havia um *recipiente* do conhecimento sagrado, que era o ventre da espécie humana. Os antigos cristãos até mesmo ingressaram na clandestinidade com seu conhecimento para evitar perseguições por parte da Igreja católica. Algumas bibliotecas francesas têm muitas informações sobre o assunto, mas, depois que o *Sangue Sagrado, Santo Graal* foi publicado, elas fecharam suas portas para mais pesquisas. (É interessante observar ainda que *O Código Da Vinci* se passa na França na maior parte do tempo.)

Tão preocupados estavam com o lado paternal do cristianismo que fingiram ignorância em relação àquilo que Da Vinci sabia

Segredos e mistérios da humanidade

sobre o Graal, e muitas pessoas foram misteriosamente assassinadas porque possuíam esse conhecimento. Se Deus quiser, porém, só podemos manter a verdade enterrada até que a Deusa Mãe ascenda e restabeleça um cristianismo mais generoso, mais gentil. Tornan-se agora mais evidente que devem existir dois lados.

Se você leu meu livro *Mother God* (Hay House, Inc., 2004), então é provável que tenha uma compreensão melhor dessa informação supostamente misteriosa há longo tempo enterrada, que é conhecida desde bem antes do nascimento de Jesus, mas suprimida pelos homens que sentiam que nos afastava do cristianismo. Como isso seria possível está além de meu entendimento – a menos que aponte apenas para o controle patriarcal e para o fato de que esses homens teriam dificuldade em explicar o que haviam encoberto por todos esses anos.

Dan Brown tem outro livro poderoso que aborda esse tópico chamado *Anjos e demônios* (Ed. Sextante, 2004). Se você ler os Manuscritos do Mar Morto em profundidade, descobrirá que Maria foi conhecida por canalizar informações, outro fato que parece oculto e apoiado somente pelos essênios (os precursores dos gnósticos)... E apenas uma questão de tempo antes que a verdade sobre a Deusa Mãe – assim como o "Santo Graal" – torne-se conhecida por todos.

O Espírito Santo

Quando eu estava na escola católica e fazíamos o sinal da cruz, era para o Pai, o Filho e o Espectro Santo. Depois, muitas pessoas começaram a mudar Espectro para *Espírito* (acho que sentiam que as palavras Espectro Santo, tinha um laivo muito esotérico).

De qualquer forma, sempre houve controvérsia em relação à ideia de três pessoas num só Deus. Supõe-se que são Patrício pegou um trevo (o que ainda vemos em pratos, anéis irlandeses, etc.) para explicar a Trindade, dizendo que eram três entidades separadas num único talo. Isso ainda parecia muito confuso para mim até que entendi que a terceira pessoa na Trindade era, na verdade, a Deusa Mãe.

Algumas pessoas acreditam que o Espírito Santo consistia no amor entre o Pai e a Mãe, que fez o filho. Logicamente, isso faz mais sentido quando se vê que a Igreja tentou obliterar o princípio feminino. Temos o Pai, a Mãe e o Filho, que veio da divindade do Deus masculino e do Deus feminino. Assim, a antiga Igreja resolveu simplesmente nomear o Deus-Mãe como "Espectro Santo".

O símbolo da pomba do Espírito Santo surgiu porque um pássaro desses foi visto sobre a cabeça de Jesus. Desde então, a pomba foi usada como símbolo do Espírito Santo, que naturalmente significa paz, mas não tem nada a ver com a Deusa Mãe.

Não penso de jeito nenhum que você deva mudar seu sinal da cruz; estou apenas lhe dando um vislumbre da história e do que sua mente lógica e o coração lhe dirão.

27
OS ANOS PERDIDOS
DE JESUS

Este assunto suscita muito debate e conjecturas. Contudo, neste capítulo não quero apenas lhe falar sobre os anos perdidos de Jesus antes que ele iniciasse sua vida pública; gostaria também de lhe dar informações há tempos conhecidas de nosso ministério: como, por exemplo, Jesus passou seus dias depois de ser crucificado.

A VIDA DE JESUS DOS 12 AOS 30 ANOS

A Bíblia retrata um Jesus de 12 anos de idade ajudando seu padrasto, José – que, ao contrário do que diz a crença popular, não era um pobre carpinteiro, mas um fabricante de móveis sob encomenda muito rico. Realmente, Maria e José vinham de famílias reais – José era, na verdade, da casa real de David –, e os dois eram muitíssimo estimados na sociedade judaica. (Para avançar depressa e comprovar meu ponto de vista, por que você acredita que Jesus foi convidado para entrar nos melhores lares, e os ricos, como Lázaro, o procuravam? Quem pagou a última ceia? E por que Jesus era convidado para festas de casamento? Certamente, na sociedade judaica, camponeses inferiores não eram bem-vindos nesse tipo de evento. Além disso, os mantos de Jesus eram de tecido tão refinado que, quando ele foi crucificado, os soldados romanos "tiraram a sorte" sobre eles – em outras palavras, jogaram para ver quem ficava com seus mantos.)

A Bíblia então perdeu o rastro de Jesus até que ele apareceu de volta em Jerusalém com 30 anos. Muito tempo atrás, Francine disse que Jesus partira porque não queria se casar, e desejava estudar outras culturas. Ela também declarou que, na última década do século XIX, um jornalista russo chamado Nicolai Notovitch estava convencido de que Jesus viajou e possivelmente estudou na Índia.

Nosso grupo consultou rapidamente o livro de Notovitch, *A vida secreta de Jesus* (Ed. Obelisco, 1996, em espanhol), que era desconhecido até então para nós, e descobrimos que a obra fora atacada e ridicularizada inúmeras vezes por teólogos e historiadores, e que o sr. Notovitch fora altamente marginalizado (hum... isso parece familiar?).

Em seu livro, Notovitch menciona um texto tibetano chamado *The life of Saint Issa: Best of the Sons of Men* (A vida de Santo Issa: o melhor dos filhos dos homens), do qual ouvira falar quando fora hóspede num mosteiro budista. De acordo com essa obra, Jesus saiu de Jerusalém com uma caravana de mercadores quando tinha cerca de 14 anos, idade na qual se esperava que a maioria dos homens se casasse, e viajou para a Índia. (Em minha pesquisa encontrei descrições comparáveis sobre essas viagens. Dependendo da cultura, Jesus é chamado de "Issa", "Isa", "Yuz Asaf", "Budasaf", "Yuz Asaph", "San Issa" ou "Yesu".)

Notovitch ficou espantado com o paralelo dos ensinamentos e martírio de "Issa", que coincidia com a vida de Jesus – até mesmo sua crucificação. A história de Santo Issa o descreve chegando à Índia e se estabelecendo entre os árias, no país "amado por Deus".

Issa então foi para Djagguernat (no país de Orsis), onde os sacerdotes brâmanes o ensinaram a entender os vedas, curar doenças físicas pela prece, ensinar as escrituras sagradas e expulsar os maus desejos do homem, tornando-o à semelhança de Deus. Por seis anos Issa morou em outras cidades santas na Índia, convivendo e amando as castas mais baixas e apoiando-as contra as opressivas classes superiores.

Muitos escritos, tanto recentes como antigos, discutem a alegação de Notovitch, como o fazem o Evangelho Aquariano e alguns dos Manuscritos do Mar Morto. *Os anos ocultos de Jesus* (Ed. Nova Era, 2006), de Elizabeth Clare Prophet, *O mistério de Jesus* (Aura Books, 1980), de Janet Brock, e *Jesus viveu na Índia* (Ed. Best Seller, 2004), de Holger Kersten, indicam que Jesus não era estranho ao Oriente místico: viveu lá, aprendeu os antigos ensinamentos e retornou à Palestina ainda mais esclarecido. Observe que, nos ensinamentos de Jesus, mesmo em suas bem-aventuranças, há um suave sabor oriental, muito diferente do dogma estreito do Sinédrio, que era o assento da fé judaica. Ele pregou a bondade, a caridade e os caminhos da retidão; juntamente com a promoção de uma nova ordem de amor e um Deus generoso, em vez de um Criador combativo e odioso que privilegia os favoritos.

Jesus então migrou da fé hindu para o budismo. Dominava o idioma pali e estudou as escrituras budistas sagradas, que o habilitaram a esclarecer os manuscritos sagrados. Holger Kersten fez muita pesquisa que corrobora a informação que Francine nos revelou muitos anos atrás: Jesus também foi apresentado aos ensinamentos budistas no Egito. (Precisamos nos lembrar de que, depois seu nascimento, Maria e José viajaram realmente para essa parte do Oriente Médio com Jesus, e Francine diz que ficaram lá por muito mais tempo que os registros bíblicos mostram.) Kersten disse que a maioria dos estudiosos reconhece que as escolas budistas existiram de fato em Alexandria bem antes do tempo de Jesus.

Jesus é também mencionado na obra histórica persa conhecida como o *Rauzat-us-Safa*, ou Jardim da Pureza, escrito por Mir Muhammad Bin Khawand, em 1417:

> Jesus (sobre quem haja paz) foi nomeado o "Messias" porque era um grande viajante. Usava um lenço de lã em sua cabeça e um manto de lã sobre o corpo. Tinha um cajado na mão; costumava vagar de país em país e de cidade em cidade. Ao cair da noite, ficava onde estava. Comia plantas do mato, bebia água da floresta e seguia em suas viagens a pé. Seus companheiros, numa de suas viagens, certa vez compraram um cavalo para ele; ele montou o cavalo um dia, mas, como não podia fazer nenhuma provisão para dar de comer ao cavalo, devolveu-o. Viajando de seu país, chegou a Nasibain. Com ele estavam alguns poucos de seus discípulos, a quem mandou para a cidade para pregar. Na cidade, contudo, corriam rumores errados e infundados sobre Jesus (sobre quem haja paz) e sua mãe. O governador da cidade, consequentemente, prendeu os discípulos e depois convocou Jesus. Este milagrosamente curou algumas pessoas e exibiu outros milagres. O rei do território de Nasibain, consequentemente, com todos os seus exércitos e seu povo, tornou-se um seguidor dele. A lenda da "chuva de alimento" contida no Sagrado Corão pertence aos dias de suas viagens.

O *Qisa Shazada Yuzasaph wo hakim Balauhar* (uma versão urdu do *Livro de Balauhar e Budasaf*) fala de Jesus (ou Yuz Asaf)

Segredos e mistérios da humanidade

pregando ao povo da Caxemira e áreas circundantes, pedindo ao povo para ir ao reino de Deus, que não era desta Terra. Então, nós o vemos de novo no livro *Tarikh-i-Kashmir*, escrito pelo historiador Mullah Nadri:

> Durante esse tempo, Hazrat Yuz Asaf, tendo chegado de Bait-ul Muqaddas (a Terra Santa) a este vale sagrado, evidenciou sua condição de profeta. Devotou-se, dia e noite, a [preces a] Deus, e, tendo atingido os níveis de piedade e virtude, declarou-se como um Mensageiro [de Deus] para o povo da Caxemira.

Mullah também afirma claramente que Jesus nascera na Terra Santa e proclamava que era um profeta dos filhos de Israel ou do povo judeu. Ele também declara que as crenças de Jesus eram como a dos hindus. (Claro que deveriam ser – nós, gnósticos, parecemos passar por cima do dogma para chegar à verdade de um Deus amoroso com quem podemos todos nos identificar.)

No livro *Jesus – a verdade e a vida* (Ed. Madras, 1999), o dr. Fida Hassnain cita um manuscrito tibetano traduzido de um antigo documento chinês chamado *The History of Religion and Doctrines: the Glass Mirror* (A história da religião e das doutrinas: o espelho de vidro), que continha informações sobre Jesus. As partes relevantes estão transcritas abaixo:

> Yesu, o professor e fundador da religião, que nasceu milagrosamente, proclamou-se o Salvador do mundo. Ordenou a seus discípulos que observassem os dez votos [Os Dez Mandamentos], entre os quais incluiu a proibição do homicídio e a busca da alegria eterna por meio das boas ações... Esse é um dos virtuosos resultados que emergem dos ensinamentos do Buda. Suas doutrinas não se propagaram amplamente, mas sobreviveram na Ásia por um longo período. A informação acima é derivada dos tratados chineses sobre religiões e doutrinas.

Além disso, Jesus é observado na Caxemira na obra budista o *Livro de Balauhar e Budasaf.* O *Ikmal-ud-Din,* de autoria do estudioso Al-Shaikh al-Said-us-Sadiq (que morreu em 962), que percorreu muitos países para pesquisar, também fala das viagens de Jesus à Caxemira, inclusive de sua morte naquele país, de causas naturais, com 120 anos (porém, como veremos, ele na verdade morreu na França).

Talvez o texto mais interessante relativo ao tempo de Jesus nesse país seja um decreto oficial do Grande Mufti da Caxemira, editado em 1774. Jesus é até mesmo referido numa placa do lado de fora de sua alegada tumba em Roza Bal, e existe também uma menção a ele no monumento de Takhat Sulaiman (Trono de Salomão), em Serinagar. Há quatro inscrições nesse monumento, duas das quais ainda são legíveis. As inscrições foram registradas, contudo, e dizem o seguinte:

1. O construtor deste pilar é Bihishti Zargar. Ano cinquenta e quatro.

2. Khwaha Rukun, filho de Murjan, erigiu este pilar.

3. Nesta ocasião Yuz Asaf proclamou sua condição de profeta. Ano cinquenta e quatro.

4. Ele é Jesus, Profeta dos Filhos de Israel.

Portanto, vemos que não apenas Jesus visitou muitos países diferentes, como disse Francine, como ensinou bem antes do que declarou a Bíblia. Tenho certeza de que ele foi recebido bem melhor nessas terras estrangeiras do que em Jerusalém e em Belém. Acredito que Jesus estava mais em paz nessas localidades do Oriente, não apenas porque aprendeu muito, mas também porque podia mover-se livremente, sem medo da condenação.

Segredos e mistérios da humanidade

Na verdade, existem pelo menos 30 antigos textos englobando as principais religiões do hinduísmo, do budismo e do Islã que mencionam Jesus muito especificamente – não só antes de sua vida pública e da crucificação, mas também depois, quando ele continuou a exercer seu ministério no Oriente Médio e na Índia.

Ora, esses textos antigos não foram ignorados pelos estudiosos, que propuseram teorias sobre os anos perdidos de Jesus e sua vida depois da crucificação, porém *foram* suprimidos por muitos estudiosos cristãos e certamente pela Igreja católica. Por quê? Você sabe a resposta assim como eu: eles não queriam que vazassem informações que talvez pudessem macular o cristianismo, como é posto em prática durante séculos pelos poderes patriarcais, em outras palavras.

Pondo de lado a religião por um momento, apelaremos para a lógica: se todas essas referências a Jesus eram pura ficção, então por que tantos escritores de várias formações religiosas falam sobre esse maravilhoso profeta e messias – quero dizer, por que razão inventariam uma personagem ficcional? Não parece fazer sentido... Esses escritores são historiadores, teólogos e testemunhas oculares de Jesus e de sua missão no Oriente e dos muitos ensinamentos que deixou. Assim sendo, existe um encobrimento colossal da verdade aqui?

Os estudiosos cristãos sabem que *muitos* evangelhos foram escritos – não apenas os quatro oficialmente reconhecidos, de Marcos, Mateus, Lucas e João. Esses evangelhos datam de cerca do ano 70 ao século II, embora os evangelhos "resumidos" – Marcos, Mateus e Lucas – sejam muito semelhantes e venham de uma fonte comum. O de João é diferente em seus fundamentos, pelo fato de nomear pessoas e citar dois episódios (as bodas de Caná e a ressurreição de Lázaro) não mencionados nos outros evangelhos, e é também mais novo.

216

Portanto, por que esses outros livros não foram incluídos na Bíblia? Bem, eram muito controvertidos; muitos deles conflitavam com os "quatro verdadeiros evangelhos" e com a ideia da Igreja sobre o que o cristianismo deveria ser. (Observe-se aqui que o moderno cristianismo é mais ou menos baseado no entendimento de Paulo sobre Jesus e sua mensagem. Porém, ironicamente, Paulo nem mesmo conheceu Jesus. Por outro lado, Paulo era um cidadão romano e tinha orgulho disso, e seu pensamento estava mais alinhado com o que a antiga Roma e o cristianismo queriam.)

Não vou apontar cada texto singular que mencione o ensinamento de Jesus em sua área, mas você pode certamente pesquisar os livros que mencionei para buscar mais informações. É maravilhoso que toda essa verdade apareça (juntamente com os Manuscritos do Mar Morto, que Francine diz que Jesus *realmente* ajudou a escrever)e que possamos pesquisar o que estava enterrado há muito tempo, mas era conhecido secretamente por muitos, sem o medo de que sejamos estigmatizados como hereges ou queimados em alguma estaca.

Antes de prosseguir, eu gostaria de compartilhar como estou empolgada, e sempre me senti assim, pelo fato de que não apenas Jesus era um estudante educado, mas, sendo um verdadeiro gnóstico, genuinamente fez o que disse a nós todos que fizéssemos: "Procura e acharás". Embora os gnósticos e essênios estiveram no mundo desde antes do advento do cristianismo, eram apaixonados pelo conhecimento, e, depois de suas viagens, Jesus voltou e preencheu as lacunas, por assim dizer.

Se você examinar os Evangelhos Gnósticos, encontrará flagrantes comparações com o judaísmo, o cristianismo (isto é, as próprias adições de Jesus), o hinduísmo e o budismo. Portanto, acredito que podemos dizer com todo o direito que,

Segredos e mistérios da humanidade

sendo um verdadeiro gnóstico, Jesus incorporou tudo isso no que ainda dizemos hoje em dia – tinha uma filosofia basilar em um Deus amoroso e em fazer o bem.

Você não acha imensamente reconfortante – e não lhe dá um imenso orgulho – saber que tantas culturas abraçaram Jesus como um messias (um mensageiro) ou como um profeta de Deus, quando eram de raças, culturas e religiões diferentes? Também é o caso de parar para pensar que não foram apenas os apóstolos que propagaram a notícia dessa informação direta de Deus – outros também reconheceram a divindade e os ensinamentos de Jesus sem hesitar. Isso realmente dá um novo e mais verdadeiro significado àquilo que Jesus disse uma vez: "Não há profeta sem honra, senão na sua terra e na sua casa" (Mateus 13:57).

Quando Jesus voltou a ensinar na sinagoga em sua cidade natal, muitos ficaram admirados, imaginando:

"Que sabedoria é essa que lhe foi dada, que até mesmo milagres ele faz? Não é este o carpinteiro? Não é o filho de Maria, e irmão de Tiago, e de José, e de Judas e de Simão? E não estão aqui conosco suas irmãs?" (Marcos 6:2-3, Mateus 13:53-58).

Ficaram chocados que Jesus, o garoto de sua cidade natal, tivesse tamanha sabedoria e pudesse ensinar com poder e operar milagres.

Ora, duas coisas saltam à mente lógica: Jesus era, naturalmente, favorecido por Deus, e não apenas espiritualmente – também tinha grande capacidade de curar; e vinha de uma família rica o bastante para poder mandá-lo à escola para estudar. Também deveria ter aprendido, como todos nós que viajamos ou estudamos, uma grande dose de conhecimento teológico conforme o tempo passou. Quando vou à Turquia, à Grécia, ao Egito, à França, à Alemanha, à Irlanda etc., uma das primeiras coisas que faço é conversar com os escribas, arqueólogos e moradores locais, porque conhecem muito bem suas culturas.

Francine afirma que os anos que Jesus passou na Índia foram os melhores de sua vida. Ele formou um grupo de discípulos que o seguia, e conheceu Maria Madalena, que não era absolutamente uma prostituta – embora os ensinamentos da Igreja tenham tentado fazê-la parecer assim, porque não sabiam o que fazer com ela. Apagá-la da vida de Jesus era quase impossível, porque sempre estava por perto, mas, se a tornassem uma pecadora que apenas se juntava a eles para a jornada (por assim dizer), então não seria ameaça.

Maria Madalena era na verdade uma mulher de alta estirpe esposada por um centurião. Madalena não sabia que o homem era casado até que a esposa requereu que ela fosse apedrejada, o que era a punição da época para o adultério. Jesus soube desse fato e veio em seu auxílio, não apenas para protegê-la, mas para trazer à tona a verdadeira história de como o centurião enganara Maria Madalena. Sua gratidão a fez amá-lo... e ele já estava seguro de que estava apaixonado por ela. Casaram-se não muito depois, numa cerimônia secreta.

Quando Jesus tinha 29 anos, ele e Maria Madalena retornaram a Israel. Lá, como sabemos, ele pregou os padrões éticos por meio de suas parábolas sobre tudo: como tratar os escravos e vizinhos; como cuidar do dinheiro; assuntos familiares; como a humanidade poderia atingir a perfeição espiritual.

A CRENÇA DE JESUS NA REENCARNAÇÃO

Embora estejamos mergulhados no mistério dos anos perdidos de Jesus, eu gostaria não apenas de discutir sua vida privada, mas também de tocar em algumas das crenças que foram deixadas fora da Bíblia, uma das quais a reencarnação. Essa questão é negligenciada pelos teólogos, mas existem muitas provas, e não apenas os Manuscritos do Mar Morto, de

Segredos e mistérios da humanidade

que os essênios e os gnósticos eram reencarnacionistas – e por certo, se Jesus estudou os vedas e o budismo, teria adotado essa filosofia.

Francine afirma que, quando Constantino quis que todos se convertessem ao cristianismo, os livros que continham referências à reencarnação foram destruídos. Os que escaparam foram então reeditados pela antiga Igreja católica. (Como adendo, não consigo compreender por que o fato de acreditar em muitas existências distorce ou nega o cristianismo. No mínimo aumentaria a grandeza e a bondade de Deus, que Jesus tentou transmitir. Dar à humanidade muitas oportunidades de avançar por meio de lições é muito mais razoável do que apenas uma vida, na qual podemos nascer deformados, pobres, ricos ou com inúmeras experiências. Torna Deus patrono e criador de oportunidades iguais.)

Há mais ou menos 35 anos, Francine me contou que Jesus era um grande crente na reencarnação. Sabemos que o povo da Índia acredita nisso, e existem muitos casos, mesmo recentes, de crianças fazendo relatos detalhados de vidas passadas. Os dados que corroboram a reencarnação são acumulados a uma taxa crescente por respeitáveis filósofos, psiquiatras e médicos que usam (como nós fazemos em minha igreja) a regressão de vidas passadas como poderosa ferramenta de cura. Posso pessoalmente atestar centenas de relatos de crianças e adultos informando detalhes precisos de outras vidas.

Os estudiosos examinam os evangelhos em busca de indícios de que Jesus realmente ensinou sobre a reencarnação, embora a maioria desses escritos tenha sido destruída, proscrita ou reeditada pela Igreja. Contudo, examinemos Mateus 11:14: "E se estais dispostos a compreender, ele [João Batista] é o Elias que havia de vir". Em Mateus 17:10-13, Jesus novamente relata que Elias veio, mas não foi reconhecido, pois era João Batista.

A única implicação lógica é que Jesus fala de Elias como vida passada de João Batista, que renascera em algum momento no futuro. Outra observação interessante é que, sempre que Jesus falava sobre o corpo, usava a metáfora de uma estrutura ou edifício, sempre se referindo ao corpo como a um templo. A analogia continua válida quando ele fala que a casa de seu Pai tem muitas moradas, e sugere que podemos ocupar muitos templos ou corpos.

Outro indício é encontrado em Mateus 16:13-15. "Quando Jesus foi para os lados de Cesárea de Filipe, perguntou a seus discípulos: Quem diz o povo ser o Filho do Homem? E eles responderam: Uns dizem: João Batista; outros: Elias; e outros: Jeremias ou algum dos profetas. Mas vós, continuou ele, quem dizeis que eu sou?". Por que Jesus levantaria esse assunto se não acreditasse na absoluta premissa de vida após a vida? Isso também confirmaria aquilo no que os essênios e os gnósticos acreditavam, assim como os estudos de Jesus no Oriente, onde a maioria das religiões orientais crê na reencarnação. Ele teria aceitado e até mesmo ensinado essa doutrina.

Depois da crucificação

Agora, entremos naquilo que é, provavelmente, a parte mais polêmica da vida de Jesus: se ele sobreviveu ou não à crucificação. Embora uma parte deste material seja assunto para grandes debates, muitos escritos apoiam as teorias de Nicolai Notovitch de que Jesus viveu na Índia. Também incorremos nos mesmos conflitos sobre a crucificação e a morte de Jesus – ou, nesse caso, sua *sobrevivência* à morte.

A maioria das alegadas sociedades secretas – que não são mais tão secretas, graças aos livros *Sangue Sagrado, Santo Graal* e *O legado messiânico*, de Michael Baignet; o recente *O Código Da Vinci*, de Dan Brown; e os volumes sobre os Manuscritos do Mar Morto de Elaine Pagels – acredita que Jesus não morreu na cruz. Mesmo a Acta Thomae (Atos de Tomé), que foi

Segredos e mistérios da humanidade

proscrito como herético em 495 por um decreto do Papa Gelásio, diz que Jesus estava com Tomé num casamento no ano 49, isto é, 16 anos depois da crucificação!

Francine divulgou essa informação quase 30 anos atrás, antes que tivesse se tornado um assunto sério para estudo. Isso nunca foi segredo, como qualquer um que entre em nossas cerimônias e aulas gnósticas atestará. Em vez de tratá-lo de forma encoberta, discutimos abertamente o assunto em nossos sermões durante muitos anos. E o Papa João XXIII, meu herói, uma vez disse algo muito revelador: a crença cristã não deveria ser baseada no fato de que Jesus morreu na cruz.

Existem muitas evidências vindo à tona agora para simplesmente serem varridas para baixo do tapete. Portanto, por que foi perpetuado que ele morreu? Bem, uma das razões é a culpa: "Ele morreu por nossos pecados". Mas por quê? Cada pessoa é responsável por seu próprio plano de vida e por viver uma vida boa, como Jesus ensinou – assim sendo, por que Jesus haveria de assumir *nosso* plano?

Francine afirma que não há dúvida de que Jesus foi submetido a julgamento, humilhado, surrado e obrigado a carregar sua cruz pelo menos por parte do caminho. Realmente, *foi* posto na cruz – porém, o interessante aqui é que, diferentemente das outras pessoas crucificadas na época, as pernas de Jesus não foram quebradas. Também lhe foi dado um apoio para os pés, o que permitiria que empurrasse o corpo para cima para respirar, prolongando assim a agonia da morte.

Ela prossegue dizendo que Pôncio Pilatos, desprezado nos escritos e documentos fora dos textos bíblicos, era parte da conspiração para deixar Jesus pendurado durante três horas e parecer estar morto – depois Pilatos mandaria descer Jesus. E se certificaria de que o tempo da crucificação fosse tal que Jesus só permaneceria na cruz por um curto período por causa do respeito ao *Sabbath* (o sábado dos judeus). Isso satisfaria os detratores da época e daria novo significado à frase "lavar suas mãos desse homem inocente", de Pôncio Pilatos.

Francine me contou que foi ministrada a Jesus uma droga semelhante ao ópio, que o fez entrar num profundo desfalecimento que simulou a morte. Em 1982, o professor J. D. M. Derrett teorizou que Jesus foi crucificado, porém afundou para a inconsciência ou se colocou num transe autoinduzido (bastante possível, já que ele estudou na Índia e no Oriente); sendo dado como morto, foi então retirado da cruz.

O estudioso Karl Friedrich Bahrdt (1741-1792) postulou que Jesus sobreviveu a uma morte fingida, tendo Lucas, o médico, fornecido drogas de antemão a ele (o que confirma o que afirmou Francine). Friedrich também disse que Jesus era um essênio (o que é o mesmo que um antigo gnóstico), como José de Arimateia, que o ressuscitou. Ninguém parece questionar o fato de que esse homem rico (José) simplesmente ter oferecido sua tumba a Jesus, sem mais nem menos. Claro que ofereceu – porque estava acertado de antemão que Jesus seria ressuscitado.

Novamente, subjacente a isso e a outras hipóteses sobre a sobrevivência de Jesus está o fato de que, como afirma Francine, a morte na cruz foi sempre planejada para ser dolorosa e a longa (normalmente durava dias). Quando Jesus foi tirado da cruz – sem que suas pernas estivessem quebradas – relativamente cedo no mesmo dia, Josefo (o historiador judeu) escreveu que vira outros prisioneiros crucificados que depois de vários dias ainda não haviam morrido – embora tivessem as pernas quebradas.

Ora, Jesus certamente apareceu mesmo a Maria e a Madalena e a todos os apóstolos – um fantasma dificilmente poderia dizer a Tomé (Tomé, o incrédulo) que sentisse suas feridas. Entendo bastante de fantasmas, e, confie em mim: você não pode tocá-los nem fazer com que tenham feridas. Quando Maria e Madalena chegaram à tumba e viram os anjos, estes perguntaram:

Segredos e mistérios da humanidade

– Por que buscais entre os mortos aquele que vive? (Lucas 24-5).

Mais tarde, Jesus apareceu a seus apóstolos para provar que ainda estava vivo, dizendo:

– A paz esteja convosco... Por que estais perturbados, e por que surgem dúvidas em vossos corações? Olhai as minhas mãos e os meus pés, que sou eu mesmo! Apalpai-me e vede; porque um espírito não tem carne nem ossos, como percebeis que eu tenho. – Então, mostrou-lhes suas mãos e seus pés. A seguir, perguntou: – Tendes aqui alguma coisa que comer?

Então lhe deram um pedaço de peixe assado, o qual ele tomou e comeu diante deles (Lucas 24:36-43).

Não sei quanto a você, mas nunca conheci um fantasma ou espírito que precisasse de comida. A razão de Jesus ter feito isso foi mostrar a todos que estava vivo, e que mesmo um Deus-homem precisava comer. À parte suas tentativas de assegurar que não tinham uma visão, Jesus sentia-se faminto depois ter passado por tudo aquilo.

Sua aparição, entretanto, juntamente com a tumba vazia na manhã da Páscoa, tem jogado lenha na fogueira de estudiosos e teólogos que exploram a sobrevivência de Jesus à crucificação. O incentivo é proporcionado pelo fato de que há total ausência de documentação sobre a ressurreição – a não ser pelo relato de Paulo (que, como declarado antes, nunca conheceu Jesus). Embora a antiga Igreja cristã pareça ter perpetuado a história da morte de Jesus, os inúmeros documentos de tantos países que apoiam sua sobrevivência, as viagens e os ensinamentos permitiram investigações.

Nada disso, absolutamente, nega o fato de que Jesus era um ser sobrenatural; apenas significa que ele apareceu para dizer adeus a seus discípulos e, tal como a Bíblia declara, dar-lhes instruções para partir e ensinar suas palavras. Deve ter sentido que poderia fazer mais bem ensinando em outro país do que ficando em casa – onde certamente seria perseguido e poderia até mesmo ser realmente morto por propagar sua grande mensagem de amor e de um Deus amoroso.

Mais indícios da sobrevivência de Jesus à crucificação mostram-se nos textos escritos pelos apóstolos, mas não oficialmente aceitos pela Igreja ou incluídos na Bíblia, assim como em livros que foram banidos ou destruídos ao tempo da compilação da Bíblia. (Os Manuscritos do Mar Morto e os de Nag Hammadi foram descobertos muito mais tarde.) Por exemplo, os Atos de Tomé explicam que, antes de partir, Jesus encontrou-se com Tomé várias vezes depois da crucificação. Francine afirma que foi quando Jesus ditou suas últimas mensagens de amor, esperança e conhecimento; isso também explica como Jesus mandou Tomé propagar seus ensinamentos espirituais pela Índia, possivelmente porque sabia que estaria a salvo.

Foi em Anatólia (a parte da Turquia que compreende a península da Ásia Menor) que Jesus se encontrou novamente com Tomé. Jesus e as duas Marias haviam seguido pela costa da Turquia. Eu, com certeza, concordo com isso sem hesitar por ter estado naquele país – o povo turco fala que Jesus esteve lá livremente, e com muita honestidade, conhecimento e fé. Existem também provas de sua estada na Turquia num velho local de parada para viajantes chamado "A Casa de Maria", ao longo da antiga Rota da Seda. Por ali, Jesus poderia facilmente ter entrado na Europa e na França.

Francine afirma que Jesus, Maria e Maria Madalena cruzaram várias vezes a Turquia e depois foram para o leste, novamente à Índia e à Caxemira antes de finalmente voltar pela Itália e por fim se estabelecer na França. (Não é coincidência que tantos livros, como o *Sangue Sagrado, Santo Graal*, assim como os textos descobertos das antigas sociedades cristãs "secretas", se

Segredos e mistérios da humanidade

passem na França.) Depois de sofrer o escárnio e a zombaria de seu próprio povo e dos romanos, Jesus resolveu que seria melhor ensinar em outra região. Assim, foi pregar durante alguns anos no Oriente antes de se estabelecer na França.

Francine afirma que Jesus e Maria Madalena estabeleceram-se nas redondezas da região de Rennes-le-Château, na França, tiveram sete filhos e viveram até os oitenta anos. Dessa forma, os Cavaleiros Templários e as sociedades secretas Rosa-cruz e do Priorado do Sião – e mesmo parte dos antigos maçons – foram formadas para proteger Jesus, Maria Madalena e sua linhagem de sangue.

Ora, você precisa formar sua própria opinião aqui, mas, conforme declarei antes, parafraseando o Papa João XXIII, por que os cristãos precisam crer que Jesus morreu na cruz? Não me canso de repetir que ninguém precisa acreditar em alguma coisa a não ser que acredite que é verdade. Peço que você mantenha sua mente aberta e pesquise, leia e deixe seu coração ser receptivo.

Nós, como gnósticos, seguimos os ensinamentos de Jesus à risca, mas também sabemos que há muito mais que ele deixou para trás que não é conhecido em geral. O fato de ele ter deixado esses ensinamentos com outros que seguem as fés hindu, budista e islâmica apenas aumenta sua mensagem de amor e paz ao mundo. Ele sobreviveu mesmo a todas as adversidades seguindo seu próprio exemplo – e assim podemos fazer nós.

Quando você descobre a verdade, isso faz sua alma pairar nas alturas, e intensifica seu amor e admiração por Jesus... mas também abre a porta ao criticismo e à controvérsia. Sempre me pergunto por que – quero dizer, quando alguma coisa se intensifica e melhora, como a verdade e o conhecimento sempre fazem, isso ameaça aqueles que vivem numa caixa de ignorância? Sempre acreditei, como muito de meus ministros (que, eu gostaria de acrescentar com orgulho, são estudiosos de pleno direito), que essa informação nos deu um conhecimento mais profundo, mais propósito e um amor mais intenso por Jesus do que alguma vez tivemos, e nos fez querer seguir seu caminho ainda mais.

Mesmo hoje em dia, pregar amor e bondade não é muito simples – vai de encontro ao dogma cristão e ao judeu. Também irrita a estrutura política da Igreja *e* põe em risco os milhões e milhões de dólares que seus membros recolhem em dízimo para construir enormes catedrais e coisas assim. (Incrível, não é? Especialmente porque Jesus ensinava num campo ou numa encosta de montanha.)

Se eu acredito em construir estruturas para honrar a Deus? Pode apostar que sim. Mas não quero ver nenhuma casa de veneração detestável e espalhafatosa; em vez disso, gostaria de um lar para crianças e velhos; e hospitais para os doentes. Eis como podemos glorificar a Deus no longo prazo... não apenas por uma hora todo domingo.

Podemos ser difamados e até mesmo crucificados pela vida, mas, como Jesus, podemos deixar para trás um mundo melhor por meio de nossas boas ações. Em outras palavras, podemos viver nossa vida à semelhança de Jesus enquanto pudermos, com uma convicção generosa. Jesus estudou, e assim deveríamos nós – e deveríamos, no final das contas, dar um testemunho daquilo que ele pregou vivendo uma vida exemplar.

28
O DEMÔNIO

Falei brevemente sobre esse assunto em outro livro, mas entrarei mais a fundo aqui. A maior tulpa já perpetuada é o bom e velho Lúcifer, ou Belzebu, ou seja lá o nome que a cultura encontre para dar a esse "anjo caído".

Anjos e profetas – até mesmo festas, vida familiar e o plantio de grãos – são mencionados mais na Bíblia que qualquer demônio; no entanto, a humanidade, dogmaticamente, o fez maior que a vida. O demônio ganhou tanta popularidade que alguém poderia pensar se não nos ocupamos, em alguns círculos, mais tempo com ele do que com Jesus ou com Deus.

O demônio aparece na Bíblia como uma serpente que convence Eva a instigar Adão a comer a fruta proibida da árvore do conhecimento e, depois, intermitentemente, reaparece sempre que há uma praga. Surge em seguida no livro de Jó – que recomendo que todos leiam –, quando ele e Deus conversam. Por mais antagônico que possa parecer, não existe nenhuma danação. Deus conta mais ou menos ao demônio que ele pode fazer qualquer coisa, menos matar Jó, o que é um teste para a fé de Jó em Deus. É também uma boa analogia para cada um de nós sempre que somos tentados a optar pelo mal sobre o bem, especialmente quando nos defrontamos com a perda de tudo, como Jó se defrontava.

Quanto a Jesus, uma das únicas vezes em que ele se refere diretamente ao demônio é quando diz para este ficar atrás dele, quase como fazemos quando empurramos os maus pensamentos para longe. Além disso, quando Jesus está no deserto, o demônio o leva ao cume da montanha e lhe diz que, se ele aceitar o demônio (maldade e poder), tudo que avista será dele. Nosso Senhor, naturalmente, declina. Ora, não é isso uma verdade hoje em dia, como era então, de que, se sucumbirmos ao poder absoluto, nossa alma estará em risco de sucumbir ao puro materialismo, a ponto de nenhuma luz da espiritualidade poder penetrar?

Claro, creio que o mal abunda nas trevas e nas entidades sombrias, mas não acredito em conceder a essa tulpa singular tamanho poder. Em vez disso, prefiro dar a *Deus* o poder de meu amor e devoção.

Independente daquilo em que você acredita, nunca poderei repetir o bastante: use sua própria mente lógica aqui!

29
A MITOLOGIA DOS FERIADOS POPULARES

Pensei em terminar o livro com uma observação de certa maneira mais leve, mais festiva, examinando alguns de nossos feriados – que são, na verdade, antigos rituais cuja história se perdeu nas crônicas do tempo.

HALLOWEEN, OU O DIA DAS BRUXAS

A palavra *Halloween* vem de *All Hallows' Eve*, celebração cristã que tem lugar na noite anterior ao Dia de Todos os Santos. Contudo, o feriado tem antigas raízes pagãs, e atualmente é também um grande dia sagrado para a *wicca*, a bela e antiga religião orientada para a natureza dominada pelas bruxas brancas.

Tradicionalmente, o antigo festival celta da colheita do fim do verão, chamado de *Samhain*, também ocorre em 1º de novembro. Acreditava-se que, nesse dia, o mundo dos deuses seria visível aos humanos. Já que esse era um tempo em que se cria que as almas do outro mundo visitavam as casas e deixavam mensagens em sonhos, muitos "ledores de sorte" achavam que era a melhor ocasião para prever os acontecimentos futuros.

Entretanto, como aconteceu com muitos de nossos feriados que tiveram os pés firmemente plantados na tradição pagã, a Igreja assenhoreou-se dele – possivelmente como um caso de, "se não pode derrotá-los, junte-se a eles". É muito semelhante ao Carnaval, ou Mardi Gras, que é celebrado em várias partes do mundo, principalmente no Rio de Janeiro e em Nova Orleans. Muitos que o festejam com abandono físico e mental nem mesmo sabem por que celebram – não se dão conta de que o Carnaval presta um tributo ao vindouro período da Quaresma, no qual as pessoas devotas devem abdicar dos prazeres terrenos como sacrifício pelos 40 dias que culminam com o aniversário da Última Ceia de Jesus.

Os druidas reconheciam esse festival como inter-relacionado com a colheita, com a lua cheia e com as mudanças astrológicas. Então, depois de conquistar a Bretanha, os romanos acrescentaram essas tradições celtas a seu próprio festival da colheita, *Cerelia*, celebrado em 4 de outubro.

Como resultado, algumas tradições foram alteradas, enquanto outras sobreviveram – como a crença em fantasmas e bruxas. Meu espírito-guia Francine afirma que a tradição de deixar comida fora de casa para os mortos surgiu porque o povo antigo achava que os fantasmas poderiam ficar com fome depois de um ano de privação; se recebessem comida, os espíritos deixariam todos em paz. Portanto, nascia o "trick or treat", ou seja, "travessura ou gostosura".

Segredos e mistérios da humanidade

Outras tradições incluem:

- Pegar maçãs com os dentes, que não era só um jogo – Francine afirma que estava tudo enraizado, como tantos de nossos rituais, na boa sorte. Quanto mais maçãs fossem apanhadas, melhor seria a sorte durante o ano seguinte; se uma moça conseguisse abocanhar uma maçã, era certo que estaria casada dentro de um ano.

- Fogueiras eram acesas na esperança de que o sol aparecesse e ficasse por períodos mais longos, de maneira que a colheita pudesse render uma safra melhor. As fogueiras também atraíam mosquitos, que, por sua vez, atraíam corujas e morcegos – consequentemente incorporados à mitologia do *All Hallow's Eve*. (Francine afirma também que acender fogos ou fogueiras surgiu como um meio de espantar os maus espíritos.)

- Supunha-se que as fogueiras encorajavam as fadas a sair de seus esconderijos e andar entre nós, e muitos acreditavam que é por isso que nos fantasiamos: para nos tornarmos aquilo que não somos. Também acreditava-se que vestir fantasias e colocar máscaras confundia ou assustava os maus espíritos.

- Os irlandeses e os escoceses são responsáveis pela tradição de escavar as jack-o-lanterns (lanternas de abóbora), o que fazia parte da celebração da colheita. Originalmente, esculpiam feições em nabos e batatas, mas, quando emigraram para a América, começaram a esculpir abóboras também. Acender uma vela na abóbora é o mesmo que acender fogueiras para os druidas; também mostrava o caminho para as almas dos que partiram, e era também uma proteção contra os maus espíritos. (Observe que, mesmo quando o sol está alto, no meio do dia, ainda há velas acesas numa igreja.

Acredito que isso se tornou tradição – não é necessariamente o reconhecimento do fato de que os espíritos podem ver melhor a energia queimando em algo como uma vela do que na luz artificial.)

- Acreditava-se que o *Halloween* era o tempo mais fácil de entrar em contato com os mortos porque, supostamente, o véu estava mais fino. Ainda existem pessoas que querem que eu os conduza a um transe no *Halloween,* como se esse fosse o único dia em que nossos seres amados estão disponíveis!

Aqui, uma pitada de trivialidade: Judas foi considerado a 13ª pessoa na Última Ceia, razão pela qual o 13º, supostamente, é um número amaldiçoado ou de má sorte. Embora ninguém realmente saiba quem esteve presente na Última Ceia, o número 13 é ainda considerado de mau agouro – alguns edifícios dos tempos modernos nem mesmo têm o 13º andar! (Dê uma olhada da próxima vez que ficar num hotel!)

É como o número 666, que se supõe ser o número do demônio – quando, na atualidade, a maioria dos arqueólogos e ainda alguns poucos teólogos (e Francine) validaram-no como o número que era o endereço de Nero, o imperador romano que incendiou Roma e pôs a culpa nos cristãos. Faz sentido, porque Nero certamente era uma pessoa insana, demoníaca, mas simplesmente conferir um número ao demônio é ridículo – em especial porque a Bíblia não fora ainda plenamente integrada até o início do século IV.

O número 666 foi subsequentemente apresentado no Apocalipse, o Livro da Revelação, como registro da visão de um homem chamado João. Esse livro passou a fazer parte da Bíblia e influenciou milhões, levando-os a acreditar num Anticristo e numa batalha chamada Armagedon, o que, por seu turno, vai de encontro ao Todo-amoroso e misericordioso Deus que

Jesus tentou mostrar. Serve apenas para reforçar que algumas religiões organizadas – e, no final das contas, parte da humanidade – parecem precisar concentrar-se no medo, em demônios e diabos em vez de no amor, na paz e na boa vontade.

Outros feriados

Nosso mundo está cheio de símbolos pagãos – pegue, por exemplo, a aliança de casamento. Acreditava-se que, se a má sorte recaísse sobre um casal casado, ficaria presa num aro (o anel), e permaneceria ali, correndo num círculo pela eternidade.

A influência pagã também pode ser vista claramente nos seguintes feriados:

Natal

Em *O Código Da Vinci*, de Dan Brown, um dos principais personagens destaca que 25 de dezembro era o aniversário do deus pré-cristão Mitras, chamado de "o filho de Deus e da Luz do Mundo", e supostamente enterrado numa tumba de pedra, ressuscitando três dias depois. Vinte e cinco de dezembro também era o aniversário de Osíris, Adônis e Dionísio – todos eles, deuses pagãos.

A árvore de Natal é também, definitivamente, um símbolo pagão. As árvores, nas crenças antigas, carregavam os devas de Lilith, a rainha do mundo inferior. Trazer uma árvore para dentro de sua casa significava que você trazia a boa sorte das fadas. Até os dias de hoje, quando queremos atrair boa sorte, batemos na madeira, o que alguns dizem ser derivado da seguinte saudação: "Está ouvindo, Lilith, o meu desejo de que nada de mal aconteça?".

É uma pena que o Natal tenha se tornado uma gratificação exagerada e comercial dos desejos, sinônimo de gastar tanto

Sylvia Browne

dinheiro quanto possível. O verdadeiro significado espiritual e as festas que o acompanhavam tristemente se tornam uma tênue lembrança. vovó Ada, que nasceu em 1865 numa família muito rica, na Alemanha, contou-me que seus parentes costumavam celebrar o Natal com laranjas (que eram muito difíceis de conseguir então); depois disso, todos os amigos e parentes se reuniam para cantar as cantigas de Natal, brincar e comer. Sempre que penso nisso, fico triste por pensar na forma como "celebramos" o nascimento de Jesus hoje em dia.

Páscoa

Em tempos antigos, a Páscoa nada tinha a ver com a ressurreição de Jesus – era venerada como a chegada da primavera, das flores e da estação do plantio. O coelho da Páscoa foi acrescentado depois, como uma permissão aos hábitos prolíficos de acasalamento do coelho.

O ovo, ao longo do tempo um símbolo do nascimento, insinuou-se para dentro da Páscoa também. (Acho que os pagãos simplesmente tentavam englobar todas as bases – dominar geral!) Claro, a fertilidade pode ser importante agora, mas você precisa se lembrar de que era a linha da vida desses povos antigos: não somente mantinha viva a linhagem de sangue, mas também assegurava que haveria mais crianças nos campos para as colheitas, de modo que o povo pudesse comer e, consequentemente, sobreviver.

Dia de Ação de Graças

O Dia de Ação de Graças, naturalmente, começou com os Peregrinos... contudo, pode não ter havido nenhum peru no primeiro banquete. (Acredita-se que milho, legumes, galinha, cervo e peixe tenham sido degustados em vez disso.) Não obstante, assim como o coelhinho e o ovo, o peru é outro símbolo de fertilidade, reverenciado na Antiguidade – até mesmo os egípcios cultuavam deuses, como Hórus e Tot, que tinham cabeça de pássaro. O pássaro também parece representar a liberdade, assim como a pomba no cristianismo denota paz, esperança e, muitas vezes, o Espírito Santo.

No *Halloween*, quando bruxinhas ou fantasminhas brincam de "travessura ou gostosura" em minha porta, fico parada ali com uma tigela de doces pensando em todos os druidas que lutaram tanto para manter esse dia sagrado. Da próxima vez que você olhar para sua árvore de Natal, pegar um coelhinho ou ver um ovo de Páscoa, espero que tire um instante para se recordar de todos que vieram antes de nós e nos deram esses rituais de que desfrutamos hoje em dia.

Infelizmente, criticamos os assim chamados pagãos por suas crenças, mas não temos problema algum em canibalizar seus grandes dias santos ou rituais e torná-los nossos.

Epílogo

Mal arranhamos a superfície dos segredos do mundo neste livro; independentemente disso, tentei lançar alguma luz sobre os mistérios acerca dos quais mais se fala e mais se debate. Só posso dizer a você que, depois de anos de pesquisa e utilizando minhas habilidades mediúnicas, esses são os meus achados. Concordar ou não é com você. Como sempre digo: "Leve com você o que quiser e deixe o resto" – mas, como eu, espero que pesquise e leia por sua própria conta. Afinal, como diz a personagem principal de *Tia Mame*, filme de 1958, "A vida é um banquete!".

Jamais desista de procurar e explorar, porque nisso se assenta nossa herança – e, no fundo disso tudo, descobrimos a busca da humanidade por nós mesmos e, principalmente, nossa busca por Deus. Lembre-se apenas de que todas as respostas estão lá para serem perguntadas, e sob o tempo de Deus, aqui ou quando formos para o Outro Lado, tudo será pesquisado – e muito será revelado.

É incrível que procuremos tanto por respostas. Com todos os enigmas no mundo, Deus está sempre em nosso coração e em tudo a nosso redor... e isso não é nenhum mistério.

Deus o ama; eu também...
Sylvia

AGRADECIMENTOS

Eu gostaria de agradecer às pessoas que colocaram todo o seu tempo e sua energia em pesquisar este material. Existem muitos mistérios ainda insolúveis, mas, sem essas pessoas que doam seu tempo à pesquisa científica, encorajando outros a olhar para fora de sua existência estreita, um mundo inteiro que carrega mais mistérios que jamais haveremos de ter existências suficientes para explorar ficaria fechado para sempre.

A internet disponibiliza uma riqueza de conhecimentos a respeito dessas questões na ponta de seus dedos, porém aqueles que discuti aqui também podem ser pesquisados em inúmeros livros. Sempre sugiro que você se eduque, pois isso torna seu repertório de conhecimento maior e certamente o faz uma pessoa mais interessante, na medida em que ajuda sua mente a expandir-se para fora deste mundo pequenino.

Este livro foi impresso pela Prol Editora Gráfica
para a Editora Prumo Ltda.